ERKELENZ

Mittendrin & Rundherum

Stadt und Land im Wandel

2012

Herausgeber: Heimatverein der Erkelenzer Lande e.V.

Inhalt

Der Bildteil des Buches ist in drei größere Bereiche gegliedert:

Teil 1:   **Seite 6 - 39**

Die Innenstadt mit ihren Straßen, Plätzen, Häusern und Baudenkmälern. Dazwischen eingestreut die jahreszeitlichen Ereignisse in der ersten Jahreshälfte.

Teil 2:   **Seite 40 - 171**

Die über 40 Ortschaften, Dörfer, Weiler und Gemeinden, die seit 1972 zum Stadtgebiet von Erkelenz gehören. Auch hier die Traditionsveranstaltungen und lokalen Feste. Und natürlich alles, was einen Eindruck von Umgebung und Landschaft vermittelt.

Teil 3:   **Seite 172 - 207**

Im letzten Kapitel kehren wir wieder in die Innenstadt zurück und zeigen Bilder von Ereignissen, die sich vorwiegend in der zweiten Jahreshälfte abspielen.

Vorwort

Vierzig Jahre ist es jetzt her, dass die frühere Kreisstadt Erkelenz im Zuge der kommunalen Neugliederung mit den umliegenden Ortschaften und Gemeinden zu einem städtischen Verwaltungsbezirk im neu geschaffenen Kreis Heinsberg zusammengefügt wurde. Zeit, ein Fazit zu ziehen und zu sehen, was sich in den vier Jahrzehnten in der Stadt und rundherum getan hat.

Was ist mit den Menschen geschehen, die zuvor noch in über 50 teils eigenständigen Landgemeinden, in Dörfern, Weilern oder Einzelhöfen gelebt haben und die per politischer Entscheidung von einem Tag auf den anderen zu „Städtern" wurden? Und wie hat sich seitdem das Gesicht der Stadt und des Umlandes gewandelt, was ist geblieben?

Diese Themen haben uns beschäftigt und schließlich dazu veranlasst, sie in einem Fotoband zu behandeln.

Wir haben uns ganz bewusst gegen eine digitale Ausgabe unserer Bilderreise entschieden, weil wir nicht nur dem Betrachter von heute etwas zeigen wollen, sondern auch für spätere Generationen solche Bilddokumente erhalten und weitergeben möchten. Wir haben gesehen, wie überaus reizvoll es sein kann, Fotos aus verschiedenen Zeiträumen miteinander zu vergleichen. Wer einmal die Gelegenheit hatte, in einem alten Album Vergangenes wieder ins Gedächtnis zu holen und mit dem aktuellen Ist-Zustand zu vergleichen, wird uns Recht geben.

Für eine solche Aufgabe sind aber die Aktualisierungs-Zyklen im Internet relativ kurz und ein Foto, dass man vor einem halben Jahr noch dort gesehen hat, ist bald durch ein aktuelleres ersetzt worden. Bildzeugnisse, die kommen und gehen – und vermutlich irgendwann unwiederbringlich aus dem digitalen Gedächtnis gelöscht sind!

Die Herausgabe der letzten Bildbände mit dem Thema Erkelenz liegt mittlerweile mehr als 20 Jahre zurück. Dort konnte man bereits eine Entwicklung sehen, die sich von überkommenen – zumeist agrarischen – Strukturen verabschiedete, die bis dahin das Stadtbild und das Umland geprägt hatten.

Nach einem Presseaufruf im Sommer des Jahres 2011 fand sich eine erfreulich große Gruppe von hochmotivierten Fotografen ein, die sich daran machten, das über hundert Quadratkilometer große Stadtgebiet neu zu erkunden und zu entdecken, den Wandel in Umwelt und Gesellschaft zu erleben, nachvollziehbar zu machen und in der Gesamtheit fotografisch darzustellen.

Jeder sollte aus seiner persönlichen Perspektive, mit den Augen eines Touristen, Besuchers oder Fotojournalisten auf Entdeckungsreise gehen. Ergänzend zum Bildmaterial, das danach innerhalb eines Dreivierteljahres neu entstand, wurden Fotos – keines davon älter als fünf Jahre – aus den persönlichen Archiven zur Verfügung gestellt.

So ist dann auch eine „Fotostrecke" zustande gekommen, die zum ersten Mal das gesamte Stadtgebiet bis hin zur äußersten Ansiedlung zeigt – also auch solche Orte, die in bisherigen Publikationen nicht erwähnt wurden. Ein besonderes Augenmerk wurde dabei auf solche Dinge und Ereignisse gelegt, die typisch für unsere Stadt sind, die besonders erhaltenswert erscheinen oder demnächst drohen, verloren zu gehen.

Die Auswahl der Bildmotive, aber auch die ergänzenden Texte – Angaben zur Geschichte und kurze Bildbeschreibungen – lassen dieses Buch für den Besucher als eine Art Reiseführer durch die Stadt Erkelenz erscheinen. Für den Erkelenzer selbst könnte es aber auch ein „Heimatkundebuch" im besten Sinne des Wortes sein, was die Mitglieder der Fotogruppe mit einem Augenzwinkern bestätigen – haben doch noch lange nicht alle der hier Ansässigen bis zu diesem Zeitpunkt jeden versteckten Winkel ihrer Heimat kennengelernt.

Unser Dank gilt allen Mitgliedern unserer Fotogruppe, die den Inhalt ihrer Archive und die Ausbeute von ihren Fotopirschgängen ohne Honorar zur Verfügung stellten.

Günther Merkens
Vorsitzender des Heimatvereins
der Erkelenzer Lande e.V.

Nicht alles, was eine Stadt wie Erkelenz ausmacht, lässt sich in Bildern wiedergeben. Da ist vor allem die über 1000-jährige Ortsgeschichte. Dabei ist die erste urkundliche Erwähnung des Namens *Herclenze* in einer Gebietstausch-Urkunde vom 17. Januar 966 nicht einmal der erste Nachweis einer Siedlung im späteren Stadtgebiet. Schon lange vorher sind hier Menschen ansässig geworden. Eine Sensation für Archäologen und Historiker gleichermaßen war die Entdeckung eines über 7000 Jahre alten, hölzernen Brunnenkastens aus der Zeit der jungsteinzeitlichen „Bandkeramiker" in der Nähe des heutigen Kückhoven.

Möglicherweise haben aber erst die Römer nach ihrem Sieg über die Germanen hier größere Rodungslichtungen in die dichten Wälder geschlagen, auf denen sie ihre steinernen „Villae Rusticae" errichteten und eine hochentwickelte Landwirtschaft betrieben. Spuren dieser Besiedlungsphase finden sich fast im gesamten Stadtgebiet.

Von der sogenannten Fränkischen Landnahme sind dagegen nur wenige Nachweise erhalten geblieben. Allenfalls anhand von Orts-Namensteilen wie -hoven, -rath oder -heim lassen sich die ungefähren Zeiten dieser Besiedlungsphase nach dem Vertreiben der Römer ableiten.

Eine Vielzahl von überwiegend geistlichen Grundherren teilte in der karolingisch-ottonischen Zeit das Land um Erkelenz unter sich auf. Hauptakteure waren das Aachener Marienstift, das Reichsstift Essen, die Abtei Prüm, das kölnische Stift St. Maria im Kapitol und schließlich das Georgstift Wassenberg.

Aus den vom König zur Landesherrschaft bestimmten, weltlichen Kräften, den Vögten, Grafen und Herzögen, kristallisierten sich bis zum Ende des 12. Jahrhunderts vor allem die beiden Kontrahenten Geldern und Jülich heraus. Graf Rainald II. verlieh um 1326 Erkelenz die Stadtrechte und versetzte die Stadt fortan als geldrische Exklave im Jülicher Land dem dauerhaften Druck durch die Herzöge von Jülich aus, der sehr oft durch kriegerische Maßnahmen ausgetragen wurde.

Die Landesherrschaft wechselte mehrmals zwischen den beiden Parteien. 1473 überließen die Erkelenzer kampflos dem Burgunder-Herzog Karl dem Kühnen die Stadt, woraus dessen habsburgischer Erbe Maximilian I. acht Jahre später ebenfalls seine Erbansprüche herleitete und die Stadt einnahm. Wieder ging die Landesherrschaft mehrmals hin und her, bis schließlich Kaiser Karl V. im Jahr 1543 das Geldrische Oberquartier mit Erkelenz den Habsburgisch-Spanischen Niederlanden einverleibte.

Ein weiterer Akteur auf der politischen Bühne war die freie Reichsherrschaft Wickrath, die im 16. Jahrhundert das neue reformatorische Bekenntnis nach Schwanenberg und in dessen Nachbarorte brachte.

Erkelenz blieb auch im 17. und 18. Jahrhundert Spielball unter den jeweils beteiligten Kräften und wurde infolgedessen immer wieder in Erbstreitigkeiten und kriegerische Auseinandersetzungen hineingezogen. Besonders schwer litt die Stadt unter den Expansionskriegen des französischen Königs Ludwig des XIV.

Es ist umstritten, ob es nach der Eroberung des Niederrheingebietes 1794 durch napoleonische Truppen der Bevölkerung besser erging. Jedenfalls wurden in der „Franzosenzeit" die alten Feudal-Strukturen und alle klerikalen Grundherrschaften aufgehoben, die Bürgerrechte aber gestärkt.

Obwohl ein Rückfall in die alten Feudal-Zeiten auch unter preußischer Regierung nach 1815 nicht mehr geschah, stagnierte die Wirtschaftsentwicklung der Stadt durch den Verlust der früheren geldrisch-niederländischen Handelsverbindungen noch fast bis zum Endes des Jahrhunderts.

Erst als sich kurz vor der Jahrhundertwende zu den wenigen schon bestehenden mittelständischen Textilbetrieben die Internationale Bohrgesellschaft mit einer Fabrik für Tiefbohrgeräte dazugesellte, fing für Erkelenz eine beispiellose wirtschaftliche Blütezeit an.

Dem beginnenden 20. Jahrhundert waren aber nur wenige Friedensjahre vergönnt. Der Erste Weltkrieg und die Wirtschaftskrise am Ende der 1920er Jahre brachten der Bevölkerung Jahre schlimmster Entbehrung. Nur ein wenig Atempause bot zwischendurch die kurze, hoffnungsvolle Zeit der Weimarer Republik, bevor Deutschland in den Sog des Nationalsozialismus geriet und auf einen weiteren, diesmal noch verheerenderen Krieg zusteuerte. Am Ende des Zweiten Weltkrieges waren nahezu 90 Prozent der städtischen Gebäude zerstört, darunter auch fast alle Baudenkmäler.

Umso erstaunlicher mutet der schnelle Wiederaufbau unmittelbar danach und in den 1950er Jahren an. Für zurückkehrende Ortsansässige und vor allem für die vielen Vertriebenen aus den ehemaligen deutschen Ostgebieten mussten zusätzliche Wohnungen in zwei Bauabschnitten im Norden und im Südwesten der Stadt geschaffen werden.

Zwischenzeitlich sind noch viele weitere Schulviertel, Gewerbe-, Industrieflächen und Wohngebiete in der Peripherie der Kernstadt und in den Außenorten dazugekommen.

Seit der Genehmigung des Braunkohletagebaus „Garzweiler II" im Jahr 1995 steht die Stadt aber vor einer neuen Herausforderung, nämlich Umsiedlungsstandorte zu erschließen für die Menschen, die ihre alten Heimatdörfer im Osten des Stadtgebietes verlassen müssen.

Bilder links: Weiter Himmel und Windpark bei Katzem. Tulpenfeld zwischen Rath-Anhoven und Erkelenz.

Bilder rechts: Herbstfarben auf dem Johannismarkt. Winterlicher Parkweg mit Blick auf Burg und Kirche.

Wie viele Generationen mögen sich wohl schon an dieser weithin sichtbaren Landmarke orientiert haben? Als im Jahr 1457 der alte Turm der Erkelenzer Pfarrkirche einstürzte, muss das für das damals noch kleine Städtchen ein ungeheuer dramatisches Ereignis gewesen sein. Kurz entschlossen fing man genau ein Jahr später mit dem Bau eines neuen Turms an, diesmal noch viel größer als der alte romanische – in der damals modernen Formensprache der Gotik.

Ein uns unbekannter Baumeister – vielleicht aus der Schule des maasländischen Meisters Gisbert Schairt van Bommel – ließ innerhalb von etwa fünfzig Jahren das über 80 Meter hohe Bauwerk in die Höhe wachsen.

Viele Katastrophen – darunter den großen Stadtbrand von 1540 – und unzählige Kriege musste der Turm in über 500 Jahren überstehen, bis zuletzt die Zerstörungen des Kriegsjahres 1945 eine Rettung fast unmöglich erscheinen ließen.

Nur dem beharrlichen Widerstand und einer großen Opferbereitschaft der Bürger ist es zu verdanken, dass es nicht zu einem Totalabriss des stark beschädigten Turms kam und dieses Wahrzeichen der Stadt erhalten und aufwändig restauriert werden konnte.

Wie viele andere alte Baudenkmäler erfordert der Lambertiturm immer wieder einen beträchtlichen Aufwand zu seiner Erhaltung. Umso mehr ist er für die Erkelenzer damals und heute zu einem Symbol der Beständigkeit im Zeitenwandel geworden.

Wie hier auf der Landstraße zwischen Matzerath und Erkelenz erweist sich der 83 Meter hohe, fast im gesamten Stadtgebiet sichtbare Turm von St. Lambertus als verlässlicher Wegweiser.

Schwalm
nach Wegberg

Beekbach
nach Mönchengladbach

B 57

Moorheide

Eckertshof

Geneiken

Dykerhof

Vossem

Genfeld

Grambusch

Schwanenberg

Fronderath

Gerderhahn

L 3

Gerderath

Genhof

Lentholt

Borschemich (neu)

L 19

K 29

Oerath

Floßbach

nach Wassenberg

Hoven

L 19

Golkrath

Oerather Mühlenfeld

Erkelenz

K 31

Golkrather Bach

Matzerath

Houverath

L 227

B 57

A 46

nach Hückelhoven / Ratheim

Hohenbusch

Commerden

A 46

Kühlerbach

Scheidt

GIPCO

Bellinghoven

L 366

Hetzerath

Genehen

Tenholt

Immerath (neu)

Granterath

K 29

B 57

nach Aachen

L 366

Haberg

Gut Nierhoven

Lövenich

L 366

Dingbuchenhof

nach Titz / Jülich

Das Stadtgebiet von Erkelenz misst von Westen nach Osten ca. 20 km und von Norden nach Süden an seiner breitesten Stelle gut 11 km. Auf über 117 Quadratkilometern leben in der City und in annähernd 50 kleineren und größeren Orten mehr als 45.000 Einwohner – 20.000 davon in der Innenstadt und den direkt daran anschließenden Neubaugebieten und Umsiedlungsstandorten.

Von seiner mit rund 80 m tiefsten Stelle im Nordwesten – etwa bei Geneiken – steigt das Gelände nach Südosten bei Immerath stetig bis auf 110 m über NN an. Die Landschaft ist eben bis leicht gewellt und fällt kurz hinter der Stadtgrenze im Südwesten – an manchen Stellen mit relativ steilen Abhängen – bis zu 40 m tief zum Rurtal ab.

Nur an den Rändern der sonst an Fließgewässern armen Ebene entspringen einige Bäche: im Nordwesten die Schwalm, die in Richtung Maas fließt, im Südwesten Floßbach, Golkrather Bach, Kühlerbach und Nysterbach, die in die Rur münden. Jenseits der Wasserscheide, die etwa auf einer Linie Gerderhahn – Katzem verläuft, liegen im Norden und Nordosten die Quellgebiete von Beekbach, Niers und Köhm, die aber teilweise schon drohen, trocken zu fallen, und mit Sümpfungswasser aus dem Braunkohletagebau gespeist werden müssen.

Eine Eigenheit der Lößebene sind die Fließe, also Abzugsgräben, die jahreszeitlich unterschiedliche Wasserstände haben. Deren Fließrichtung geht ebenfalls in Richtung Niers.

nach Mönchengladbach / Düsseldorf

A 46

A 61

2 km

nach Düsseldorf / Neuss

Etgenbusch

Venrath

Mennekrath

K 19

Kuckum

Niers

L 277

Kaulhausen

L 354

Unterwestrich

Keyenberg

Borschemich

Köhm

Terheeg

Oberwestrich

Wockerather Fließ

Wockerath

Bellinghover Fließ

Berverath

L 12

A 61

Eggeratherhof

Kückhoven

Roitzerhof

Lützerath

L 19

Pesch

Weyerhof

K 33

Immerath

Holzweiler

L 277

Hauerhof

L 117

L 19

A 61

L 117

Katzem

nach Titz / Jülich

nach Jülich / Koblenz

Nysterbach

Eichhof

Kleinbouslar

Die Erkelenzer Börde, eine fast waldlose Ebene mit fruchtbaren Lößböden, der die Stadt im Laufe ihrer über 1000-jährigen Geschichte ihre vorteilhafte wirtschaftliche Entwicklung überwiegend verdankt, erstreckt sich von Süden kommend fast bis an die Stadtgrenze im Nordwesten. Die hier über Jahrhunderte erfolgreich betriebene Landwirtschaft hat das Stadt- und Landschaftsbild bis heute geprägt.

Bis zu einem Drittel dieser wertvollen Flächen fällt voraussichtlich bis in die 2040er Jahre dem Braunkohle-Tagebau *Garzweiler II* zum Opfer. Die Abbaugrenze reicht dann bis an eine Linie Venrath – Kückhoven – Katzem heran. Etwa 7.500 Bewohner, bis zu acht Ortschaften mit zahlreichen Baudenkmälern und eine über Jahrhunderte gewachsene Kulturlandschaft werden davon betroffen sein.

Dreikönigstag in Erkelenz

20 · C · M · B · 12

Christus mansionem benedicat – Christus
segne dieses Haus – mit diesem Segens-
spruch ziehen die Sternsänger am 6. Januar,
dem Dreikönigstag, von Haus zu Haus und
sammeln Spenden für einen guten Zweck.

Volkstümlich werden C, M und B auch als
die Namenskürzel der drei Weisen aus dem
Morgenland gedeutet: Caspar, Melchior und
Balthasar, die dem Weihnachtsstern folgten,
um den neugeborenen Königssohn zu sehen.

*Linke Seite: Viele emsige Helfer versammeln sich vor
dem Kirchenportal.*

*Rechte Seite: Das verschneite Stadtzentrum.
mit dem 83 m hohen, spätgotischen Lambertiturm.*

Das Kirchenschiff und die Chorvierung mit dem markanten Pyramidendach sind nach den Kriegszerstörungen des alten gotischen Vorgängerbaus nach Plänen des Aachener Architekten Peter Salm in einem sehr monumentalen, neoromanischen Stil in den 1950er Jahren ganz neu errichtet worden.

Der Neubau war anfangs sehr umstritten, hatten die Erkelenzer sich einen Wiederaufbau der Kirche aus dem 15. Jh. doch ebenso gut vorstellen können.

Mittlerweile dürfte der nüchterne, kühle Stil des Neubaus aber mehr als akzeptiert sein, da er den aus der alten Kirche geretteten Kunstwerken, wie beispielsweise dem bronzenen Adlerpult aus der ersten Hälfte des 15. Jahrhunderts, dem Triumphkreuz von 1486 und dem prächtigen Marienleuchter von 1517,

einen würdigen Rahmen verleiht. Von besonderer Schönheit ist die stimmungsvolle Lichtwirkung, die durch die vielfarbigen Fensterverglasungen des Erkelenzer Kunstmalers Will Völker entsteht.

Glücklicher ist man heute auch mit den Proportionen, mit denen das neue Kirchenschiff und der alte 83 m hohe, spätgotische Turm sich zu einer Einheit zusammenfügen.

Bei diesen Bildern von Erkelenzer Straßenzüge, die zum Teil über Jahrhunderte auf den mittelalterlichen Grundrissen gewachsen sind, liegen Vertrautheit und Schönheit – wie so oft – im Auge des Betrachters.

Linke Bildreihe von oben: Oberer Teil der Aachener Straße – am früheren Kattenmarkt.
Südpromenade – Stilmix aus Moderne und Gründerzeit.
Ostpromenade – Neue Häuser auf dem alten Stadtgraben
Rechte Bildreihe von oben: Die Kirchstraße wurde nach dem Krieg zum früheren Wall hinauf fortgeführt.

Die Baulücke am Ende der Hermann-Josef-Gormanns-Straße wird demnächst wieder geschlossen sein.
Burgstraße mit Blick Richtung Johannismarkt.
Unten: Bis zum Ende des 19. Jahrhunderts noch vor den Toren der Stadt – die Brückstraße mit einigen sehr gut erhaltenen Gründerzeit-Häusern.

Wat sen mer all jeck!

Die Nähe zur rheinischen Karnevals-Metropole Köln wird in Erkelenz besonders deutlich. In der „Fünften Jahreszeit" steht das närrische Treiben im gesamten Stadtgebiet dem in Köln in nichts nach. Am Altweiber-Donnerstag stürmen die „Möhnen" die Amtsstuben und übernehmen das närrische Regiment. Mit Prinzenproklamation und Prinzenbiwak

hat der Sitzungskarneval schon lange vorher begonnen. Der Straßenkarneval nimmt in den Orten meistens schon am Sonntag mit Umzügen seinen Anfang, bevor er mit dem gemeinsamen Rosenmontagszug in der Innenstadt seinen Höhepunkt erreicht. Kostümgruppen und Motivwagen nehmen aktuelle politische Themen aufs Korn oder präsentie-

ren sich einfach nur jeck. Dabei fordert der traditionelle, karnevalistische Schlachtruf „Maak mött" alle zum Mitmachen und Fröhlichsein auf.

Linke Seite: Straßenkarneval in Holzweiler.
Rechte Seite: Das närrische Regiment macht auch vor der Kirche nicht Halt. Karnevalsmesse in St. Lambertus. Höhepunkt ist der Rosenmontagszug. Manche Karnevalsgesellschaften sind mehr als 150 Jahre alt.

Viele traditionelle und moderne Hausfassaden zeigen sich in immer intensiveren Farben. Mancher Straßenzug erinnert an die Farbpalette skandinavischer Stadtansichten.

Linke Reihe von oben: Ecke Wilhelmstr.-Südpromenade.

Gegenüberliegende Straßenfront an der Wilhelmstraße.

Theodor-Körner-Straße gegenüber dem „Öllerspark".

Bilder unten: Stuckfassaden an der Ecke Brückstraße-Markt und an der Kölnerstraße.

Rechte Seite: Kölnerstraße mit Blick stadtauswärts.

Ein architektonisches Kleinod – das Alte Rathaus

Als nach dem großen Stadtbrand von 1540 Bürgermeister und Rat den Neubau eines – erstmals steinernen – Markt- und Rathauses beschlossen, erteilten Sie ihren Auftrag an den erfahrenen Baumeister Johann van Vierss. Eine auf Pfeilern ruhende, im Untergeschoss völlig offene Markthalle sollte entstehen, im Obergeschoss ein großer Ratssaal und unter dem hohen Walmdach Speicherräume für Vorräte. Ein Zinnenkranz und vier Ecktürmchen sollten den Bau bekrönen.

Genau so muss das Stadthaus nach seiner Fertigstellung im Jahr 1546 auch ausgesehen haben. Rund 200 Jahre später wurden die Arkaden wieder zugemauert und das Haus erhielt ein kleines Portal im Rokoko-Stil. In dieser Zeit verschwanden wahrscheinlich auch die Zinnen und die Türmchen, deren Konsolaufsätze heute noch zu sehen sind. Nach einer wechselvollen, mehr als 450-jährigen Geschichte, nach zahlreichen Umbauten, Zerstörungen und dem Wiederaufbau

in den 1950er Jahren wird das Alte Rathaus heute genutzt als „Gute Stube der Stadt", zu kulturellen Veranstaltungen und machmal noch für besondere Ratssitzungen oder das traditionelle „Schöffenessen".

Bilder unten: Nicht mitten auf den Markt sondern an der Platzseite baute Steinmetz-Meister Johann van Vierss 1546 das erste steinerne Rathaus.

Rechts: Einmal im Jahr wird der „Löwenbrunnen" mit den Insignien der Stadt von den Kindern zum Osterbrunnen umdekoriert.

Bauspektakel in der Stadt

Im Jahr 2012 finden in der Innenstadt mehrere spektakuläre Baumaßnahmen statt, die von der Bevölkerung mit großem Interesse verfolgt werden und deren Ergebnis mit Spannung erwartet wird.

Linke Seite: Beinahe schon Volksfestcharakter hatte die publikumswirksame Abnahme der Kirchturmspitze mit schwerstem Gerät. Der stählerne, kupfergedeckte Turmhelm von St. Lambertus soll in diesem Jahr aufwändig saniert werden. Damit will man laut Architekt Arno Lennartz die noch aus dem Krieg stammenden Schäden endgültig beheben. Nach Beendigung der Arbeiten wird das Erkelenzer Wahrzeichen dann wieder – noch viel schöner und ohne Verpackung – weithin sichtbar sein.

Rechte Seite: Anders als die Kirchturmsanierung wird der Neubau des Sparkassengebäudes die Stadtsilhouette nachhaltig verändern. Als ebenso starker Publikumsmagnet gestaltete sich der Abbruch des eigenwilligen Turmgebäudes aus den 1970er Jahren, das nicht mehr den heutigen Ansprüchen an Energie-Einsparung entsprach und bei dem eine „energetische Sanierung" nicht wirtschaftlich gewesen wäre.

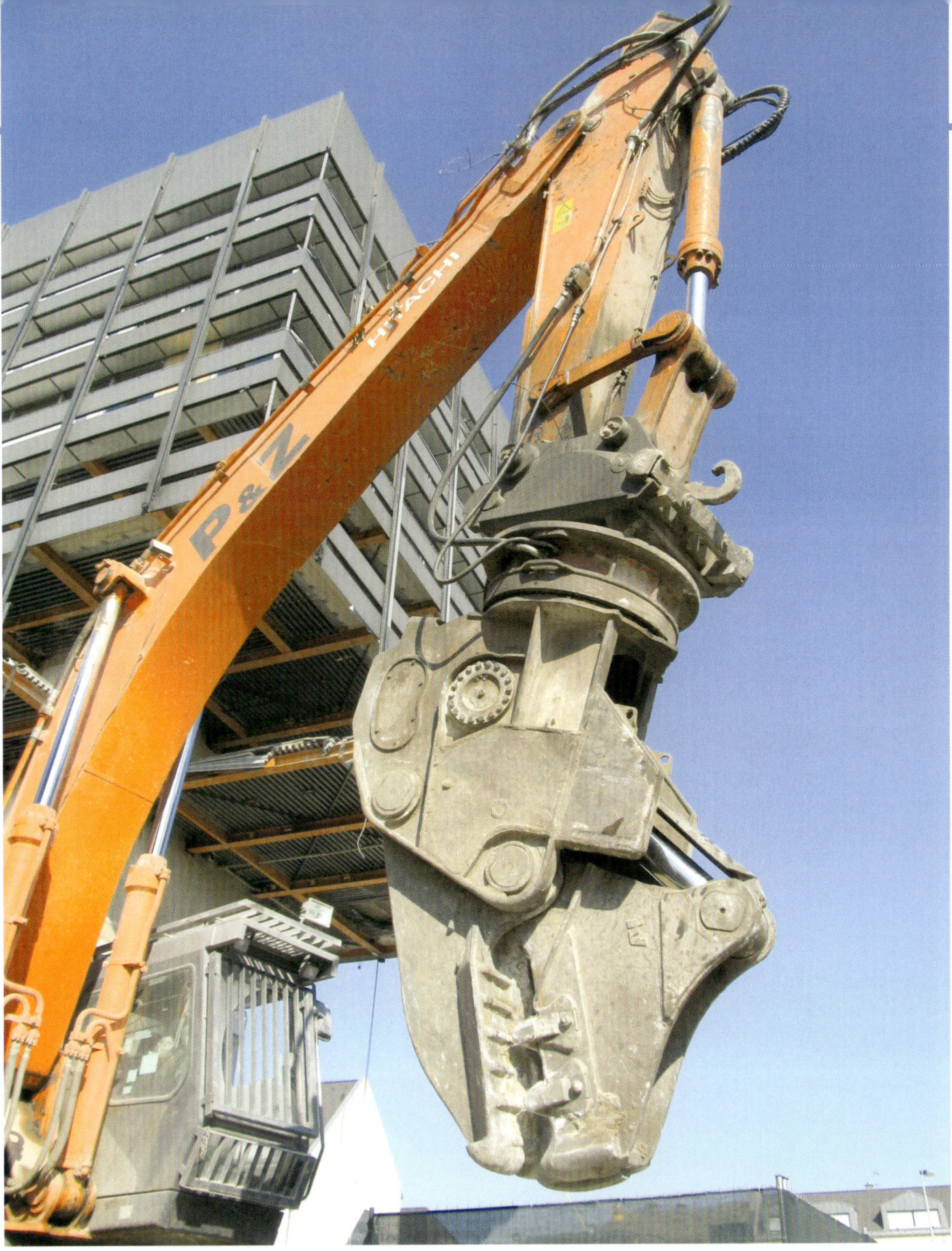
P&Z
HITACHI

BREUER&WASEL
BREUER&WASEL

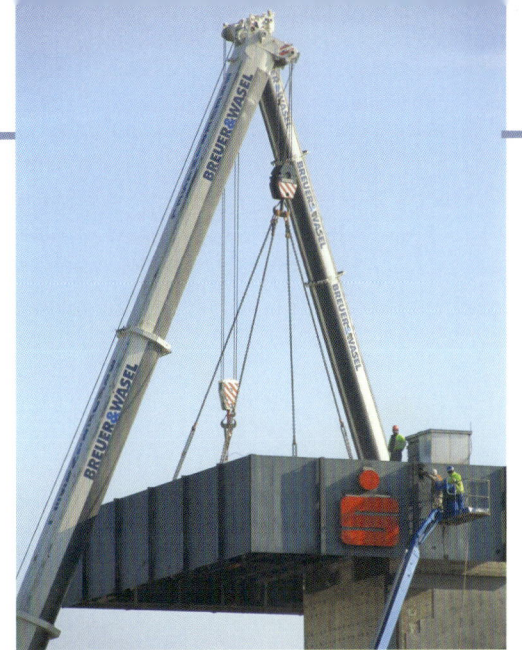

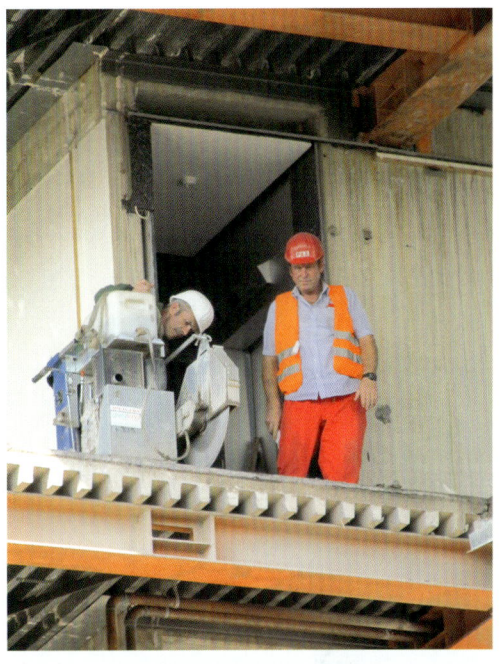

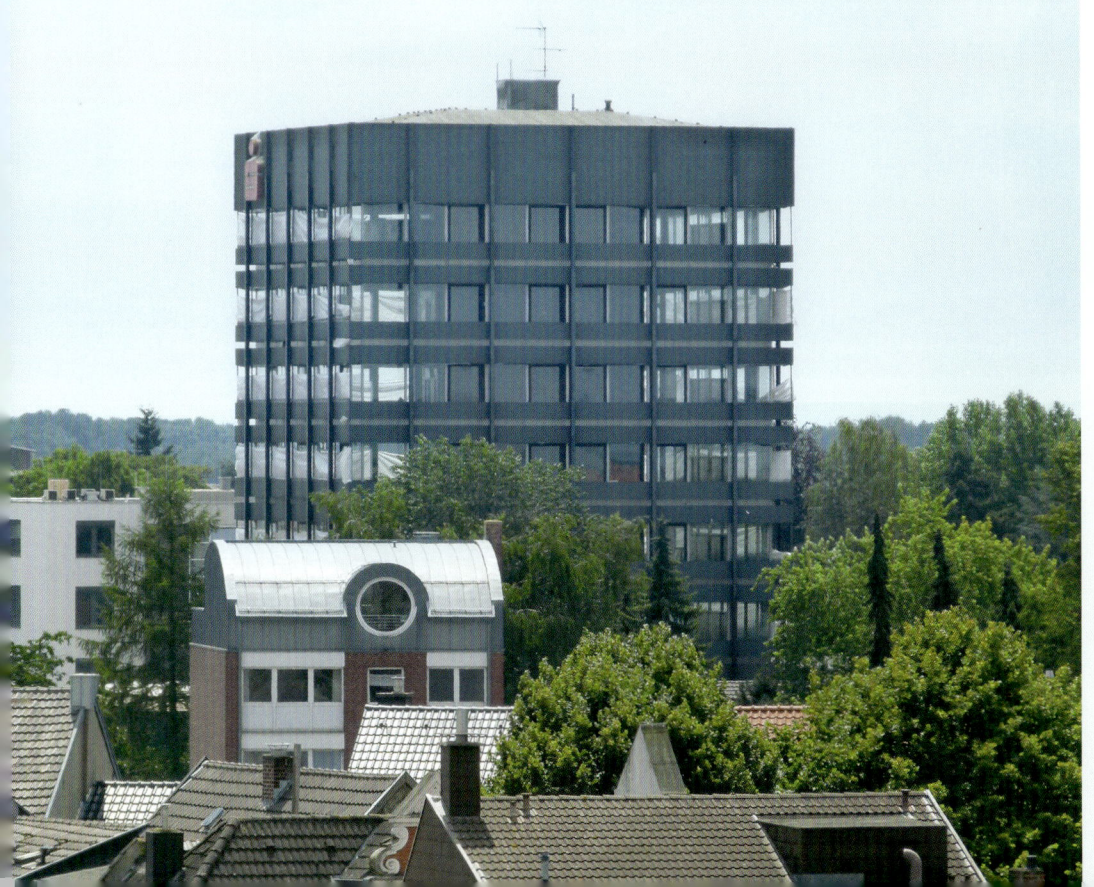

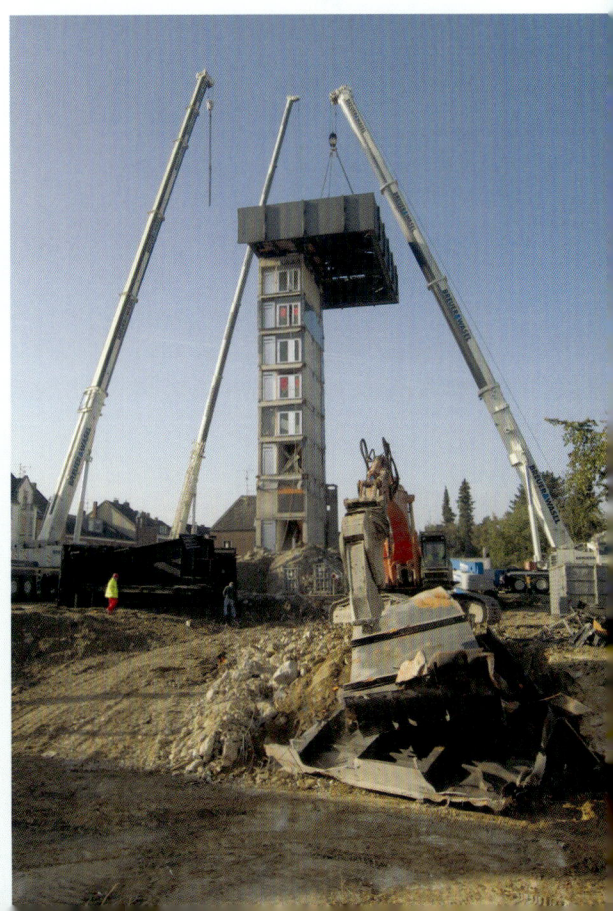

Der erste Eindruck für Zugreisende, die in die Stadt kommen: der Bahnhofsvorplatz und der Konrad-Adenauer-Platz werden demnächst ihr Gesicht stark verändern. Nicht nur der Umbau der Geschäfts- und Bankhäuser an der Anton-Raky-Allee hat begonnen, auch das Stationsgebäude des Bahnhofs wird bald ein neues Aussehen erhalten.

In den letzten Jahren wurde schon die gesamte Verkehrsführung am Eingang zur Kölner Straße, am „Tor zur Stadt", für die Zukunft fertiggestellt.

Selbst ein Neubau des Amtsgerichts-Gebäudes aus den 1960er Jahren ist im Gespräch. Werden die Wasserspiele auf dem Vorplatz erneut ihren Standort wechseln?

Oben: Bis 1972 hatte in dem heutigen Amtsgerichtsgebäude die Kreisverwaltung des ehemaligen Landkreises Erkelenz ihren Sitz.

Am Tor zur Stadt

Links: die Verkehrsführung am Eingang zur Kölner Straße ist neu.

Unten und rechts: Schon einmal musste die Brunnenplastik der neuen Straßenführung weichen.

Komm lieber Mai...

...und mache die Bäume wieder grün und lass uns an dem Bache die kleinen Veilchen blühn!

Jeder kennt noch das alte Mailied, das von Christian A. Overbeck im Jahr 1775 geschrieben wurde und von Wolfgang A. Mozart die Melodie erhielt.

Am Abend vor dem 1. Mai werden überall im Erkelenzer Land von jungen Männern und Frauen Kränze geschmückt und Maibäume errichtet. Anschließend wird bei Live-Musik mit dem „Tanz in den Mai" endgültig der Frühlingsreigen eröffnet und die kalte Jahreszeit vertrieben. Nebenbei muss in vielen Orten die Dorfjugend den Baum „bewachen", damit er unbeschadet die Nacht übersteht. Verliebte junge Männer und Frauen verehren sich gegenseitig kunstvoll gestaltete Blumengestecke, die in der Nacht heimlich am Haus der oder des „Angebeteten" angebracht werden, damit jeder sieht – hier ist jemand schon vergeben!

Linke Seite: Rast im Mai am Franziskanerplatz.

Rechts oben: In Holzweiler tanzen Dorfjugend und die Nachbarschaft in den 1. Mai.

Unten: Das Trommler- und Pfeifercorps in Aktion.

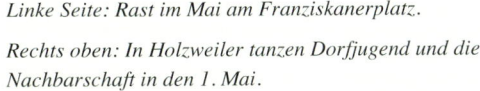

Lebensmittelpunkt

Von altersher waren die Wochen- und Jahrmärkte beliebte Treffpunkte für die Städter und die Menschen aus dem Umland. Hier wurden nicht nur Waren aller Art feilgeboten sondern auch die neuesten Nachrichten ausgetauscht.

Der *Markt* südlich von St. Lambertus ist hervorgegangen aus dem *Niewer Mart*, der etwa um 1480 den *Alder Mart* – den heutigen *Johannismarkt* nördlich der Kirche – in seiner Funktion ablöste.

Heute noch gilt der Marktbesuch für viele Besucher als fester Programmpunkt im Wochenablauf. Man trifft sich zum Plausch mit Freunden und Bekannten und kauft – manchmal ganz nebenbei – seine frischen Lebensmittel direkt vom Erzeuger.

Zudem ist der Platz im Zentrum der Stadt der ideale Ort für viele Veranstaltungen. Einmal im Jahr wird es hier beispielsweise „französisch". Dann findet der Besucher hier allerhand Köstlichkeiten für das leibliche Wohl aus allen Regionen Frankreichs.

Hier sind aber auch Start und Ziel für den City-Lauf oder das Radrennen rund um St. Lambertus. Vor dem Alten Rathaus geht der „Historische Stadtrundgang" los. Hier starten auch die verschiedenen Rundfahrkurse beim „Niederrheinischen Radfahrtag" oder bei der Oldtimer-Rallye. „Schlemmermarkt" und „Adventsmarkt" komplettieren das Programm.

Höhepunkt des jahreszeitlichen Veranstaltungskalenders ist aber immer noch der fünftägige „Lambertusmarkt".

Linke Reihe von oben: Käse aus Frankreich - Franzosenmarkt in Erkelenz. Lebensmittel, Blumen und Kleidung rund um das Alte Rathaus.

Reihe rechts oben: Start zum Radfahrtag. Frische direkt vom Erzeuger. Pflanzen für Garten und Balkon.

Unten: Selbst an marktfreien Tagen ist immer etwas los.

Die Stadtverwaltung

Das alte Rathaus am Markt war für die städtische Verwaltungsarbeit zu klein geworden und 1907 zog man vorübergehend in Räume des ehemaligen Klosters am Franziskanerplatz um.

1918 konnte die Stadtverwaltung einen ausreichend großen Gebäudekomplex am Johannismarkt beziehen – genau auf dem Gelände, auf dem sich nach Kriegszerstörung und Wiederaufbau in den 1950er Jahren die heutige Stadtverwaltung befindet. Nach der letzten Jahrtausendwende wurde das Neue Rathaus noch mal aufgestockt und bekam an der Schülergasse einige Erweiterungsbauten. Dort befindet sich seit 2005 auch das neue Stadtarchiv, wo jetzt endlich alle historischen Schätze aus der langen Stadtgeschichte Platz finden.

Die erstrebte neue „Bürgernähe" und „Transparenz" der Verwaltungsarbeit drückt sich schon rein optisch darin aus, dass bestimmte Behördenvorgänge im neu angesetzten, gläsernen Vorbau des Rathauses am Johannismarkt stattfinden.

Oben: Noch aus Kreisstadtzeiten stammt dieses Stadtwappen, das einem alten Siegel aus dem 17. Jahrhundert nachempfunden ist.

Rechts: Blick vom Bücherei-Vorplatz auf den Seitenflügel an der Gasthausstraße.

Links: Zugangsweg von der Schülergasse her. Fußgängerbrücken verbinden das neue Archiv mit dem Verwaltungsgebäude.

Unten: „Transparente" Verwaltung in einer fahrradfreundlichen Stadt.

Lambertusmarkt und Burgkirmes

Zwei große Kirmes-Ereignisse gibt es im Jahresablauf, die jedesmal besonders viele Besucher in die Stadt locken.

Im Frühjahr wird vor allem im Umfeld der Kirche – aber nicht nur da – der Lambertusmarkt veranstaltet. Wie die meisten Kirmesfeste geht auch dieses Volksfest auf uralte Jahrmärkte zurück, die in früheren Zeiten von den Landesherren sogar noch häufiger gefördert und gestattet wurden. In den 1970er Jahren noch als „Historischer Jahrmarkt" für das Stadtzentrum um St. Lambertus herum konzipiert, weitete er sich später auch auf andere Plätze in Burgnähe, im Ziegelweiher-Gelände, auf dem Johannismarkt und dem Franziskanerplatz aus.

Ein Bühnenprogramm auf dem Markt mit dem Auftritt von Musikgruppen und Artisten lässt fünf Tage lang keine Langeweile aufkommen.

Das zweite Großereignis ist die Burgkirmes. Mit einem großen, von den Schaustellern gesponserten Feuerwerk wird am Freitag diese Spätkirmes rund um die alte Burg eröffnet. Zum wechselnden Programm für Jung und Alt gehören mittlerweile nicht nur Achterbahnfahrt und Zuckerwatte. Je nach Anlass und Gelegenheit treffen sich hier Bezirksschützen, Musikvereine, Matzerather Schotten, Rittersleut' und natürlich die „Freunde der Burg".

Von hier aus starten auch die vielen mit Absendern versehenen Ballons der jüngsten Kirmesbesucher zum beliebten Luftballon-Weitflug-Wettbewerb, bei dessen Gewinn natürlich auch ein Preis winkt.

Oben: Auch die Zwerge unter den Riesenrädern sind noch ziemlich hoch. Für eine Fahrt damit sollte man keine Höhenangst haben.

Unten: Für die Kleinsten das „Größte": der Massenstart zum Luftballon-Weitflug-Wettbewerb.

Oben und rechts: Auf dem Lambertusmarkt locken schon eher die „klassischen" Kirmesattraktionen.

Unten: Da fliegen die Haare – Achterbahnfahrt auf der Burgkirmes

35

Hochgestapelt – Wohnen im Turm

Als 1903 mit dem Bau des Wasserturms der erste Schritt für die heute so prägende Stadt-Silhouette gemacht wurde, hatten Generationen vorher in der Stadt kein höheres Bauwerk als den Lambertiturm gesehen. Nicht mehr als drei Geschosse wiesen die meisten Wohngebäude in dem Landstädtchen auf, das bis zum Anfang des 20. Jh. nicht nennenswert über seine mittelalterliche Ausdehnung hinausgewachsen war.

Erst nach 1945 mischten sich nach und nach das Hochhaus am Buscherkamp, das Geschäftsgebäude der Sparkasse, der Fernmeldeturm „Flachsstengel", die Windräder und neuerdings sogar ein Versuchs-Ölbohrturm unter – bzw. über – die markante Turm-Gesellschaft.

Linke Seite: Genau 39,25 Meter hoch ist der Wasserturm, so dass er die meist nur fünfgeschossigen Wohnhäuser in der Stadt mit Leichtigkeit überragt. Seiner alten Funktion entledigt, wird er in Zukunft als Wohnturm dienen.

Rechte Seite: Mit acht Geschossen erweist sich das Hochhaus von 1961 im Buscherkamp als eher bescheidener „Wolkenkratzer".

An der alten Chaussée

Farbenprächtiger Abendhimmel nach dem Gewitter an der Chaussée à Crefeldt, der heutigen Bundesstraße 57, Richtung Rath Anhoven. Auch nach Aachen hin wurde in der „Franzosenzeit" eine schnurgerade Straße gebaut, die Chaussée d' Aix la Chapelle.

Die Müllerfamilie Blancken errichtete 1799 verkehrsgünstig an dieser Aachener Straße eine Turmwindmühle, die jüngste auf Erkelenzer Stadtgebiet. Schon vor 1900 wurde der Betrieb der „Neumühle" eingestellt. Das dazugehörige Haus war Anfang des 20. Jahrhunderts ein beliebtes Ausflugslokal.

1990 erhielt die Mühle eine neue Haube und Flügel. Sie beherbergt auch heute wieder Gastronomiebetriebe.

Außerhalb des alten Stadtkerns wurde die Aachener Straße erst ab Mitte des 19. Jahrhunderts nach und nach bebaut.

Bild rechts: Viele Namen – Neumühle oder nach dem jeweiligen Betreiber Blanckenmühle oder Paschmühle.

Unten: Gloria Filmzentrum und Parkhaus an der Aachener Straße stadtauswärts.

Die braunen, fruchtbaren Lößböden der Erkelenzer Börde sind seit der Jungsteinzeit bevorzugtes Siedlungsgebiet. Bei der Rodung
der ursprünglich dichten Wälder und der Ur-
barmachung und Gestaltung unserer Kulturlandschaft haben die umliegenden Orte immer eine besondere Rolle gespielt.

Unser Wissen über das Leben der Landbewohner seit der Entstehungszeit unserer
Dörfer erhalten wir dabei weitestgehend aus
den Aufzeichnungen der großen Landeigner,
besonders der Könige, Klöster und anderer
Grundherrschaften.

*Linke Seite: Endlose Ackerflächen an der Birkenallee
zwischen Holzweiler und Katzem. Am Hof- und Wegekreuz von 1843 am Hauerhof wurde eine junge Buche
neu gepflanzt. Am Horizont die Stadtsilhouette.*

Rechts oben: Feldlandschaft bei Borschemich.

*Rechts unten: Der Flugplatz für Ultraleichtflieger in der
Nähe von Kückhoven. Schon vor mehr als 7000 Jahren
siedelten sich in dieser Gegend Menschen an.*

Keyenberg im Quellgebiet der Niers

Wenn wir uns gedanklich in die Enstehungszeiten unserer heutigen Heimatorte zurückversetzen möchten, beginnen wir unsere Zeitreise am besten mit einem Besuch in Keyenberg.

Denn hier befindet sich die früheste erwähnte Grundherrschaft im Erkelenzer Land. Laut Überlieferung gründete Plektrudis, die Gattin Pippins II, in vorkarolingischer Zeit zu Ende des 7. Jahrhunderts das Stift Maria im Kapitol zu Köln und stattete es mit Gütern aus. In der Legende heißt es, dass Plektrudis dieser Stiftung ihren Hof samt Kirche in Keyenberg geschenkt habe.

Nachweislich zum ersten Mal erwähnt wird *Ckeyenburhc* im Jahr 893 in einem Besitzverzeichnis der Abtei Prüm, einer weiteren Grundherrschaft im Erkelenzer Raum.

Unten und rechte Seite: Das etwas abseits vom Ort an der Köhm gelegene Haus Keyenberg bildet vermutlich den Kern des Ortes Keyenberg.

Die von Pappeln gesäumte Köhm und das Keyenberger Fließ speisen die Gräben rund um die Vorburg und das Herrenhaus.

Das zweiflügelige Herrenhaus mit dem vorspringenden Eckturm stammt aus dem Jahr 1657.

Als „Hausbäume" überragen mächtige, alte Kastanien den Innenhof.

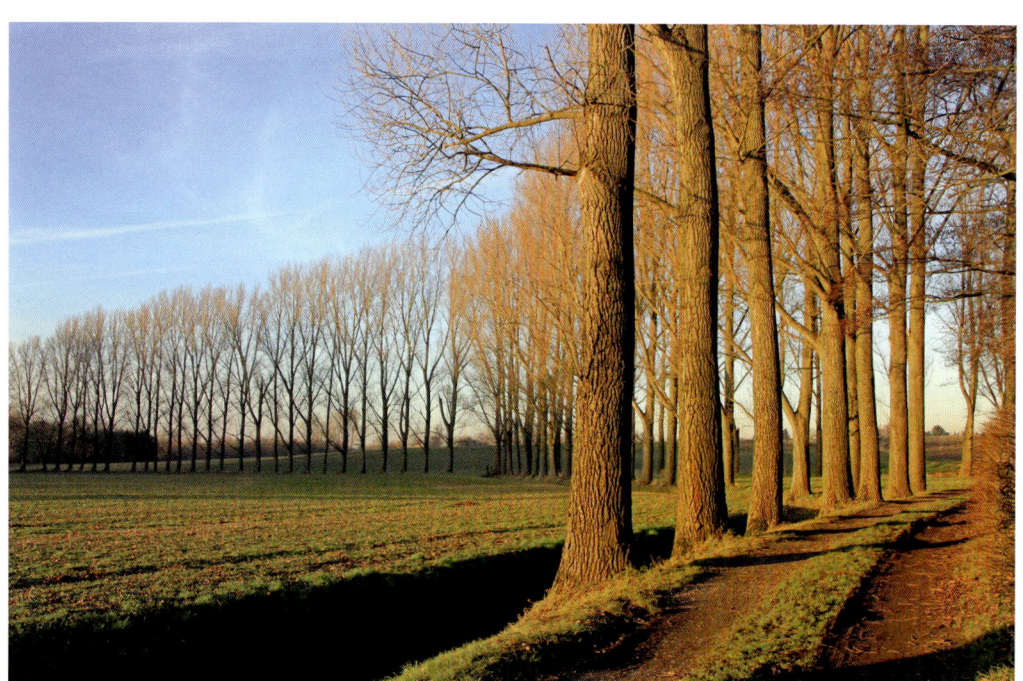

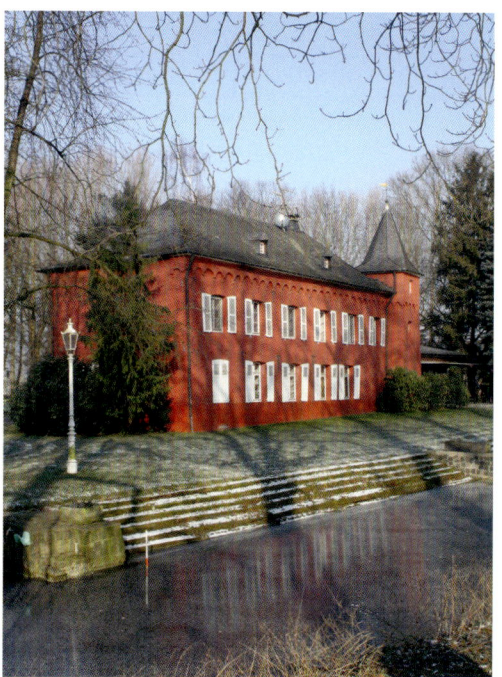

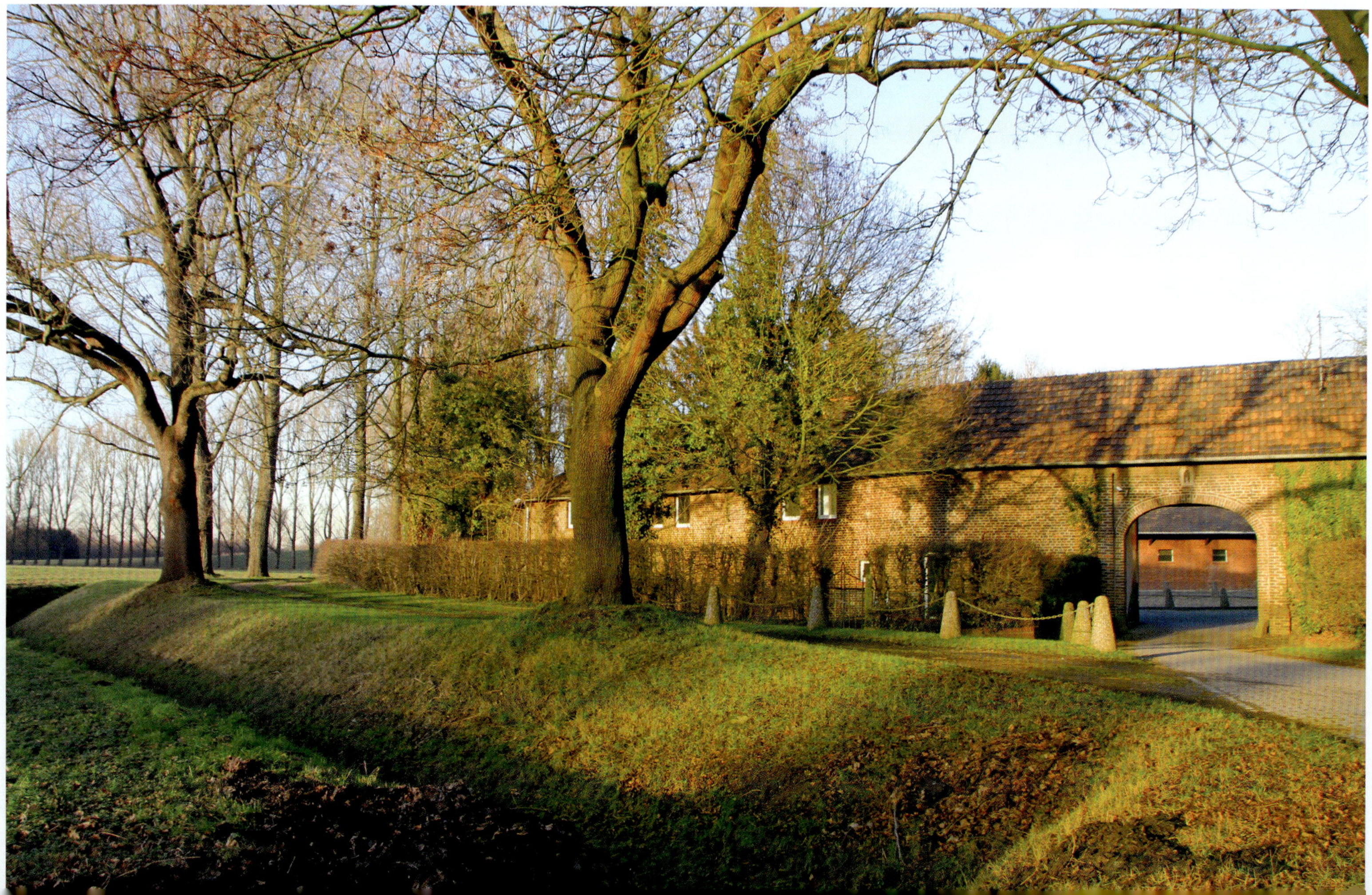

Im Zentrum von Keyenberg

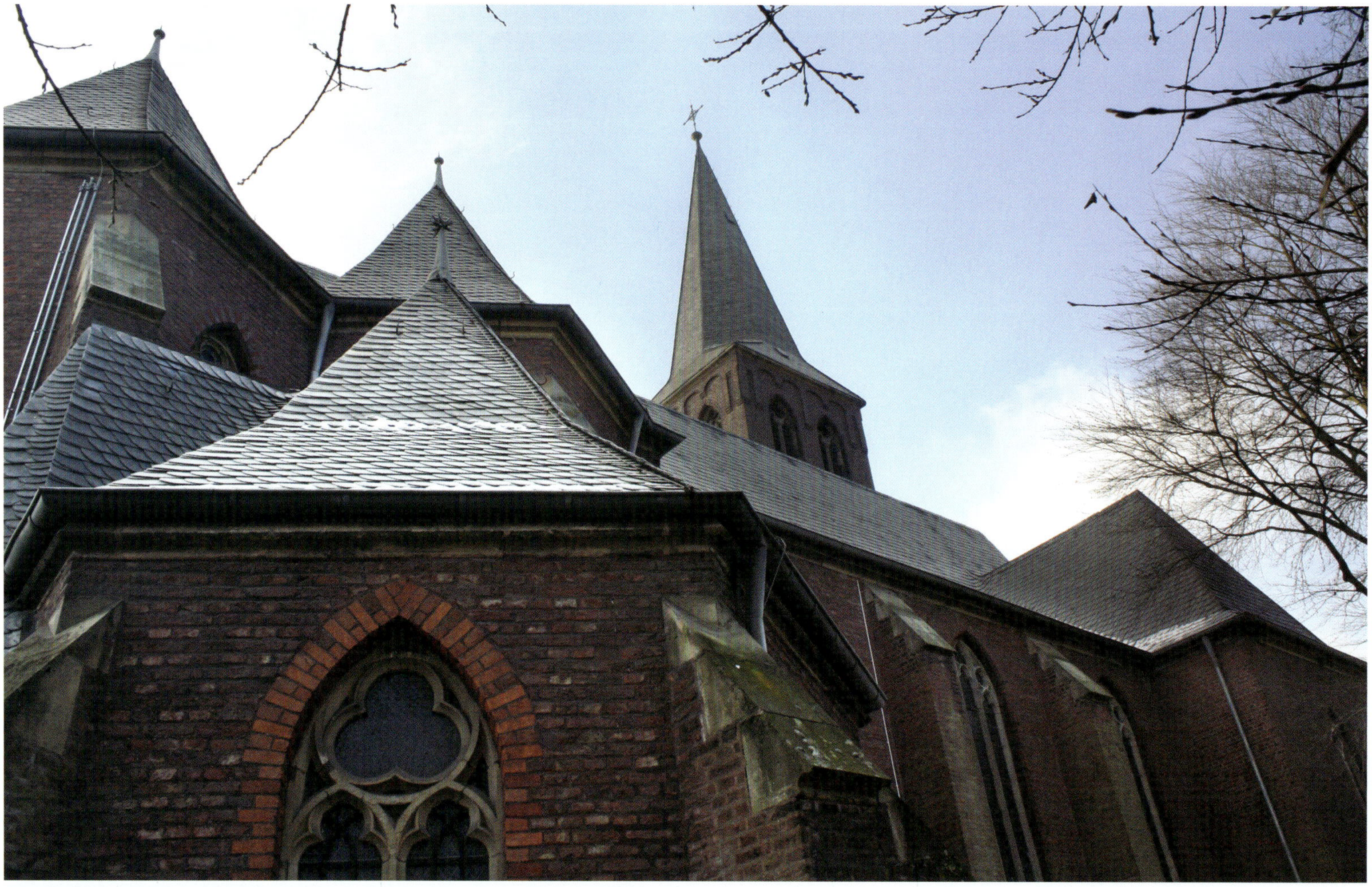

Keyenberg liegt südlich des Niersbaches, der in mehreren Quellen in dieser Region entspringt. Seit dem 14. Jahrhundert gehörte der Ort zum Herzogtum Jülich.
Unter der französischen Herrschaft zu Ende des 18. Jahrhunderts kam er zur Mairie Kuckum und nach mehreren Gemeinde-Verwaltungs-Wechselspielen wurde er bei der Gebietsreform 1972 aus dem Amt Holzweiler zur Stadt Erkelenz eingemeindet.

Oben: Wie ein zerklüftetes Schiefergebirge ragen die vielgliedrigen Dachformen der dreischiffigen Hallenkirche in den Winterhimmel. Der Turm der katholischen Heiligkreuzkirche ist seitlich angebaut.

Unten links: Der Claessen- oder Schmitzhof. Das fünfachsige Wohnhaus der großen, geschlossenen Hofanlage mitten im Keyenberger Zentrum zeigt die Jahreszahl 1819.

Unten rechts: Das weißgetünchte Fachwerk-Giebelhaus aus dem Jahr 1657 wurde später im Erdgeschoss mit Ziegelsteinen verkleidet.

Rechte Seite: Verschneiter Heckenweg zur Kirche.

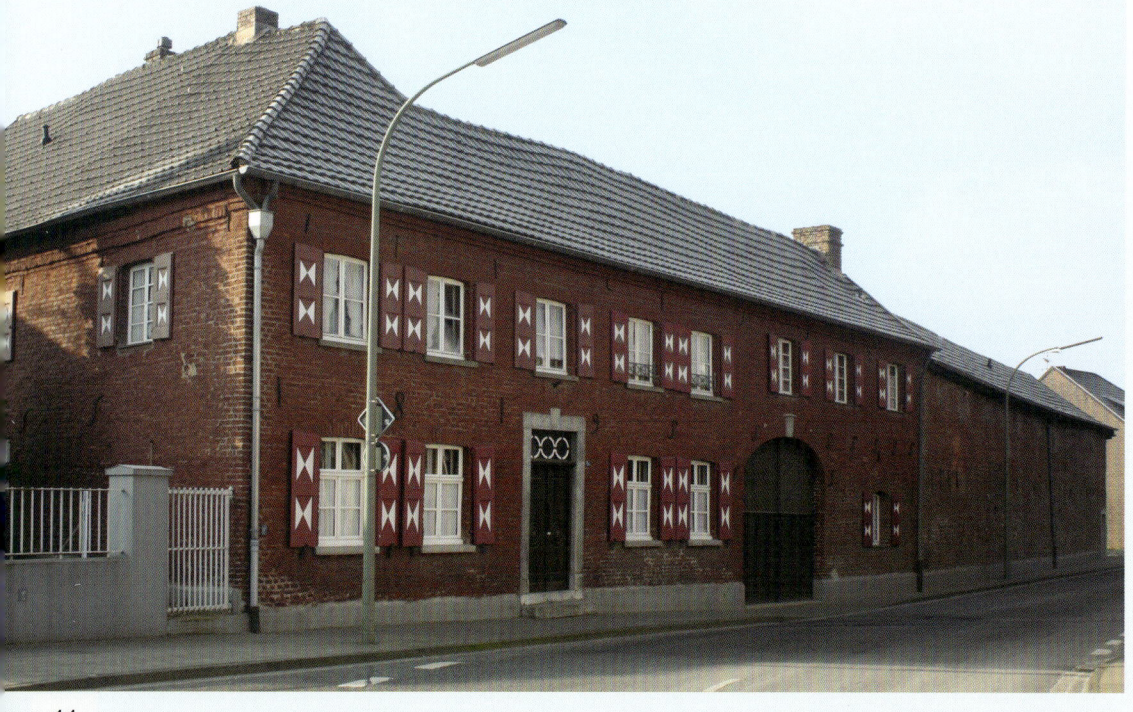

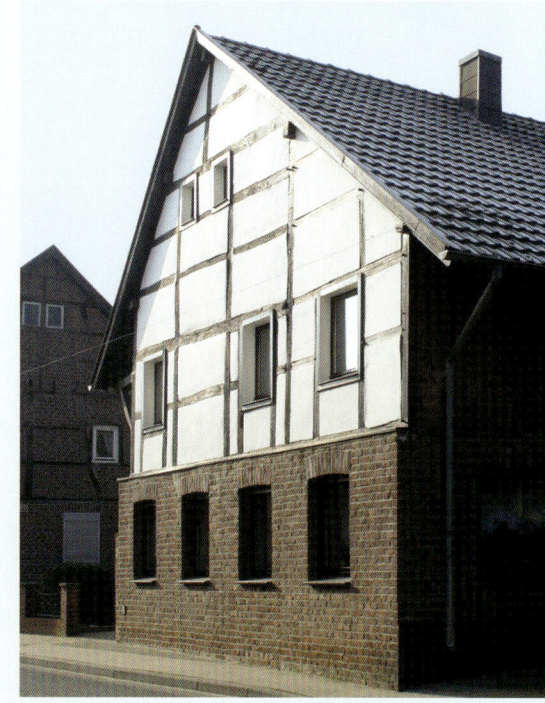

Die Heilig-Kreuz-Kirche

Die Keyenberger Pfarre *Heilig Kreuz* gehört zu den ältesten Pfarrgemeinden des Erkelenzer Landes. Das alte Prümer Urbar von 893 erwähnte bereits einen eigenen „Presbiter". Beim Bau der heutigen neugotischen Kirche wurde 1866-68 zunächst die 6-eckige Apsis des Chores errichtet und Anfang des 20. Jhs. – nach dem Abriss des vermutlich über 1000 Jahre alten Vorgängerbaus – das Kirchenschiff und der 50 Meter hohe Turm neu erbaut. Die Pläne zum Neubau stammten von Friedrich von Schmidt, dem späteren Wiener Dombaumeister. Fertiggestellt wurde der Kirchenbau allerdings mit neuen Plänen von Heinrich Renard.

An dem Flüsschen Köhm, das in die Niers mündet, liegt ein weiterer über 1000 Jahre alter Ort der Stadt Erkelenz.

Anno 898 nach Chr. kam ein Besitz aus dem Reichsgut *Brismike im Jülichgau* durch eine großzügige Schenkung des lothringischen Königs Zwentibold an das Reichsstift Essen und ging im Jahr 1027 an das Kölner Dom-stift über. Der Name *Brismice* lässt sich laut Ortsnamensforschung als „eingefriedeter Platz am Bache" deuten.

Ab dem Mittelalter gehörte *Birsmich* zum Herzogtum Jülich. Von 1794 bis 1814 war der Ort französisch und kam anschließend zu Preußen. Nach 1935 wurde er eine selb-ständige Gemeinde im Verbund des Amtes Holzweiler. Seit 1972 ist er ein Stadtteil von Erkelenz. Borschemich gehört mit zu den ersten Dörfern, die wegen des Braunkohle-abbaus umgesiedelt werden müssen.

Bilder Mitte: Aus dem Jahr 1688 stammt das St. Josefs-haus. Es diente unter anderem als Kinderheim.

Die etwa 350 Jahre alte Dorflinde entwickelte nach baumpflegerischen Maßnahmen im Jahr 1983 wieder neue Triebe. Das Wegkreuz stammt von 1952.

Die ehemalige Wasserburg hieß ursprünglich noch nach der alten, bis ins 13. Jahrhundert so genannten Ortschaft *Birsmich*. Sie war im Besitz des Ritters Gottschalk, eines Vasallen der Herrschaft Millendonk. 1584 kam sie durch die Heirat Christoph von Palandts mit einer Tochter aus der Harff-Familie, die seit Anfang des 16. Jahrhunderts als Eigentümerin erschienen war, in den Besitz derer von Palandt und wurde danach erst nach den neuen Herren benannt.

Haus Palandt wurde im 30-jährigen Krieg geplündert und niedergebrannt. Erhalten ist von der ehemals vierflügeligen Burganlage nur das vom Ende des 16. Jahrhunderts stammende Herrenhaus mit den getreppten und geschweiften Giebeln und das große Bogentor, an dem früher die Zugbrücke befestigt war.

Links: Winterliche Dorfstraße.

4-flügeliger Bauernhof aus dem 19. Jahrhundert.

St. Martin in Borschemich

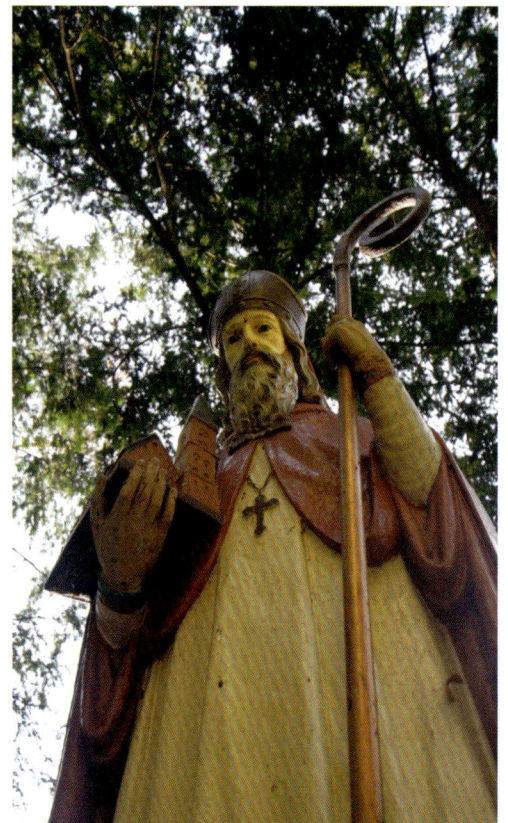

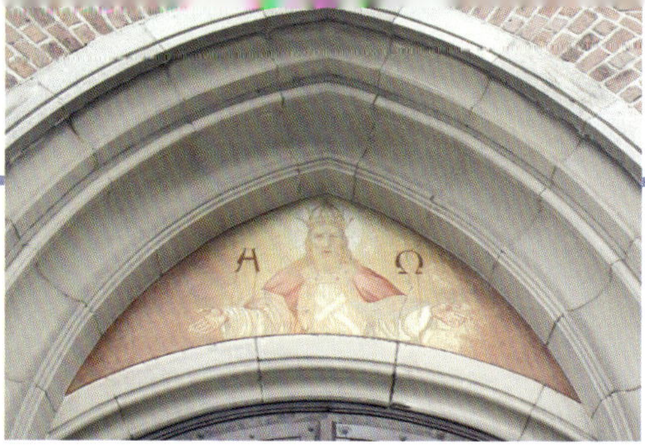

1804 wurde Borschemich selbständige Pfarre, nachdem sie vorher der Mutterkirche Keyenberg unterstanden hatte. Da Borschemich 898 ein Königsgut war, könnte die erste Kapelle in Karolingischer Zeit entstanden sein. Auch das Patrozinium – Martin war der Nationalheilige der Franken – deutet darauf hin. Eine im 18. Jh. erbaute Kirche hatte am jetzigen Friedhof gestanden. Die heutige Pfarrkirche St. Martinus entstand an neuer Stelle im neugotischen Stil und wurde 1907 eingeweiht.

Links: Der Schutzpatron St. Martinus mit Gans, Stab und Kirche wurde 1936 zum 300-jährigen Jubiläum der gleichnamigen Bruderschaft errichtet.

Rechts: Kirchweg von Südosten her.

Rechte Seite und unten: Einschiffige Backsteinkirche mit assymetrisch angebautem Westturm nach einem Entwurf des Kölner Baumeisters Heinrich Renard.

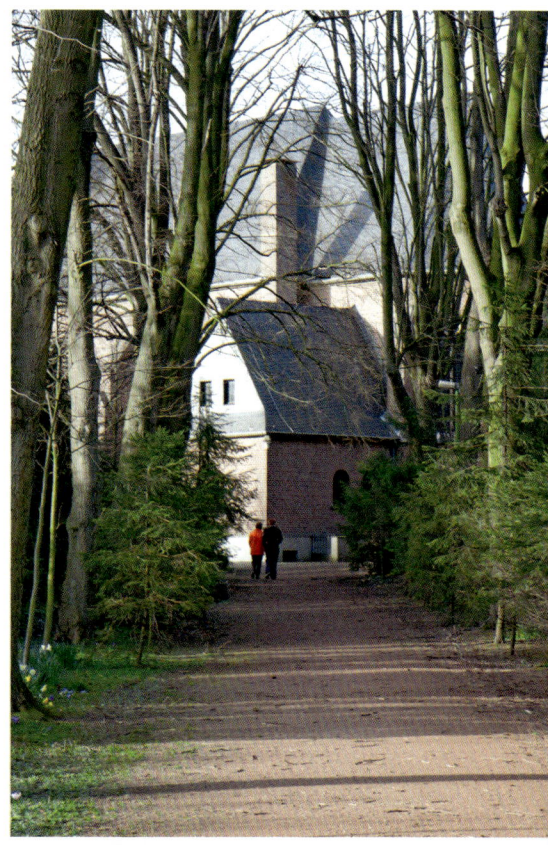

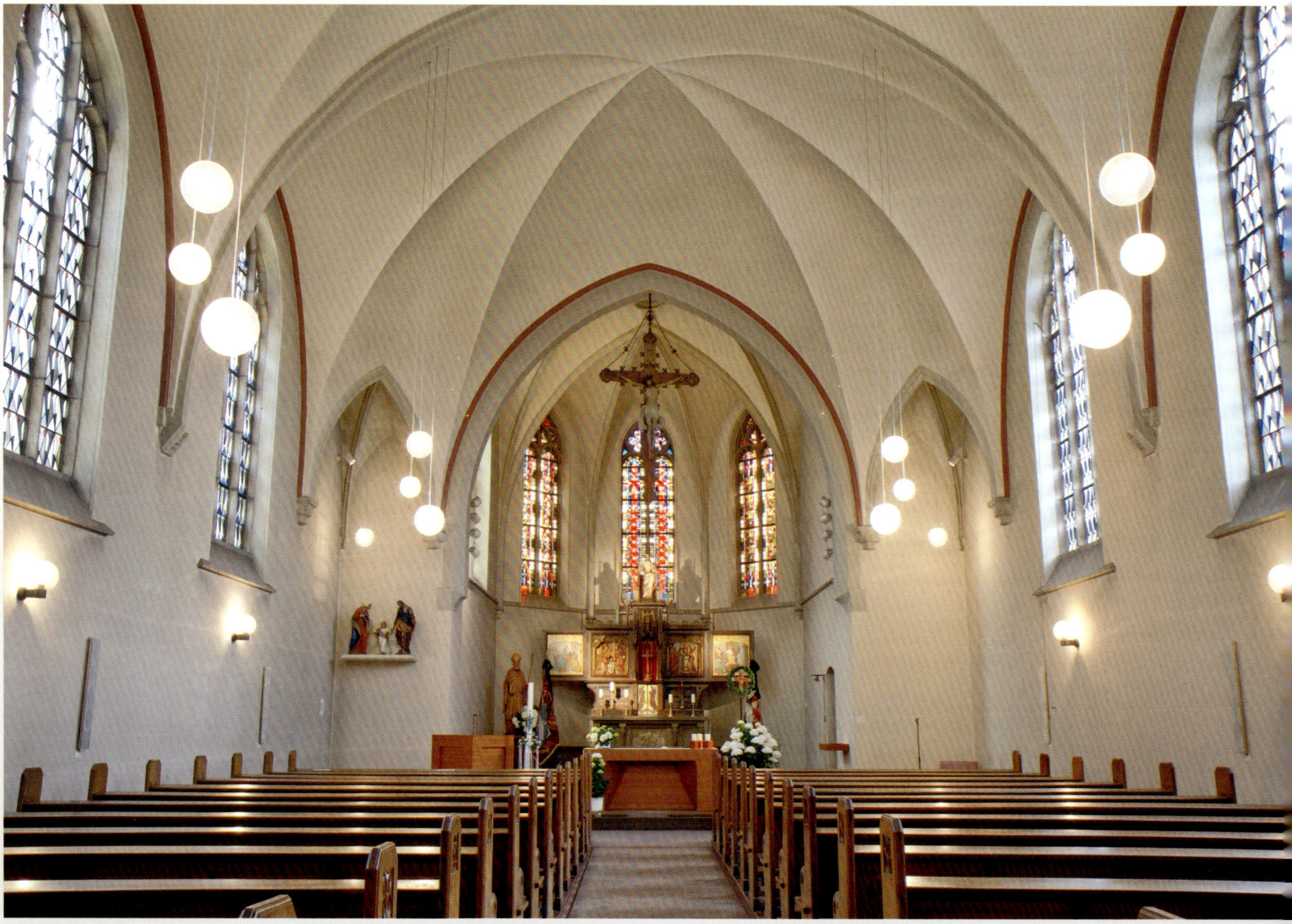

Bild links: Eine besondere Rolle spielte 2007 die Pescher Straße mit ihren vielen, denkmalgeschützten Häusern und Bauernhöfen. Sie wurde Schauplatz und Filmkulisse für den Fernsehfilm „Meine fremde Tochter" mit dem Schauspieler Götz George als Hauptdarsteller.

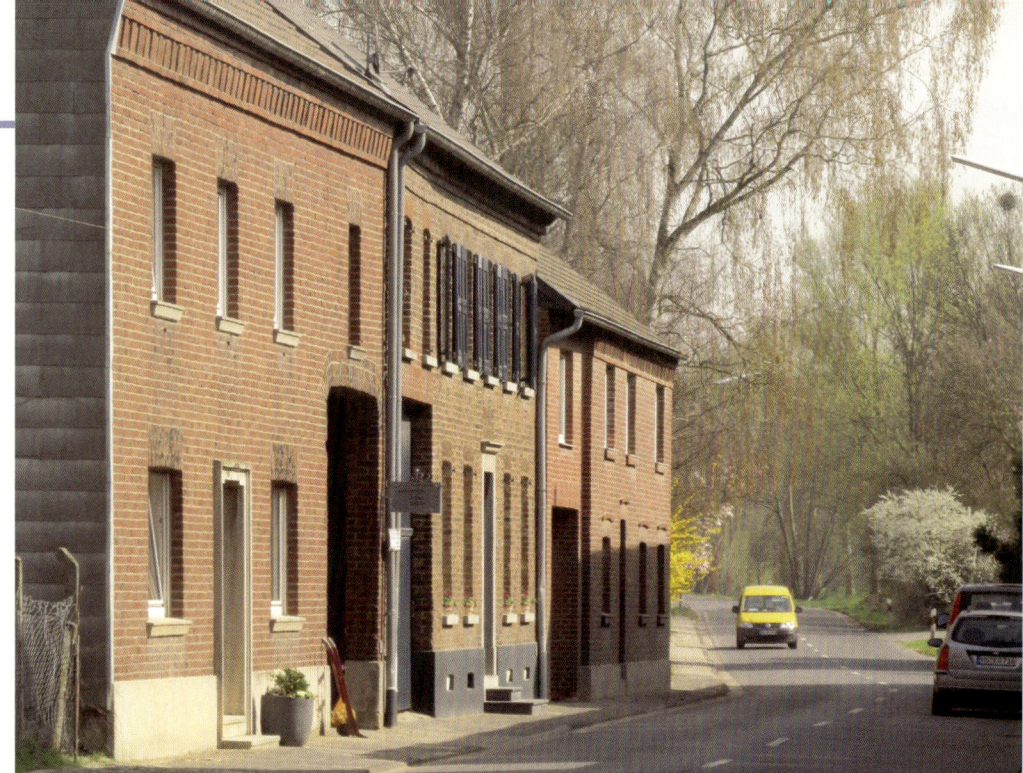

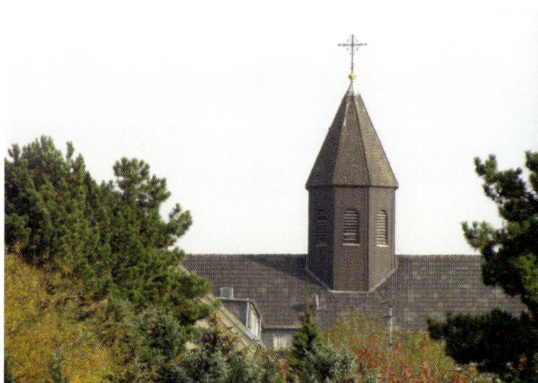

Alt-Immerath

Immerath tritt etwas später auf den Schauplatz des Weltgeschehens. Der Name *Emundrode*, der 1144 in einer Besitzurkunde der damals noch jungen Propstei Millen erwähnt wird, gehört laut Ortsnamensforschung zur Gruppe der Rodungsnamen, die man allesamt an der Endung *-rath* erkennt. Sie stammen hauptsächlich aus der Zeit des 9. - 11. Jahrhunderts. Immerath lässt sich als Rodung des Edmund deuten.

Vor einigen Jahren hat im Dorf wegen des Braunkohleabbaus die Umsiedlung begonnen, doch vielen Bewohnern fällt es schwer, die geliebte alte Heimat zu verlassen.

Kleines Bild oben: Dachreiter der Klosterkapelle. Das Anfang 1900 gegründete Kloster der Töchter vom heiligen Kreuz mit dem daraus hervorgegangenen Krankenhaus war prägend für den Ort.

Rechte Seite und unten: Der Mittelpunk des Ortes ist der Kirchplatz mit den Zwillingstürmen von St. Lambertus und der am Markt gelegene Fuhrmannshof, dessen Geschichte bis ins 13. Jahrhundert zurückreicht.

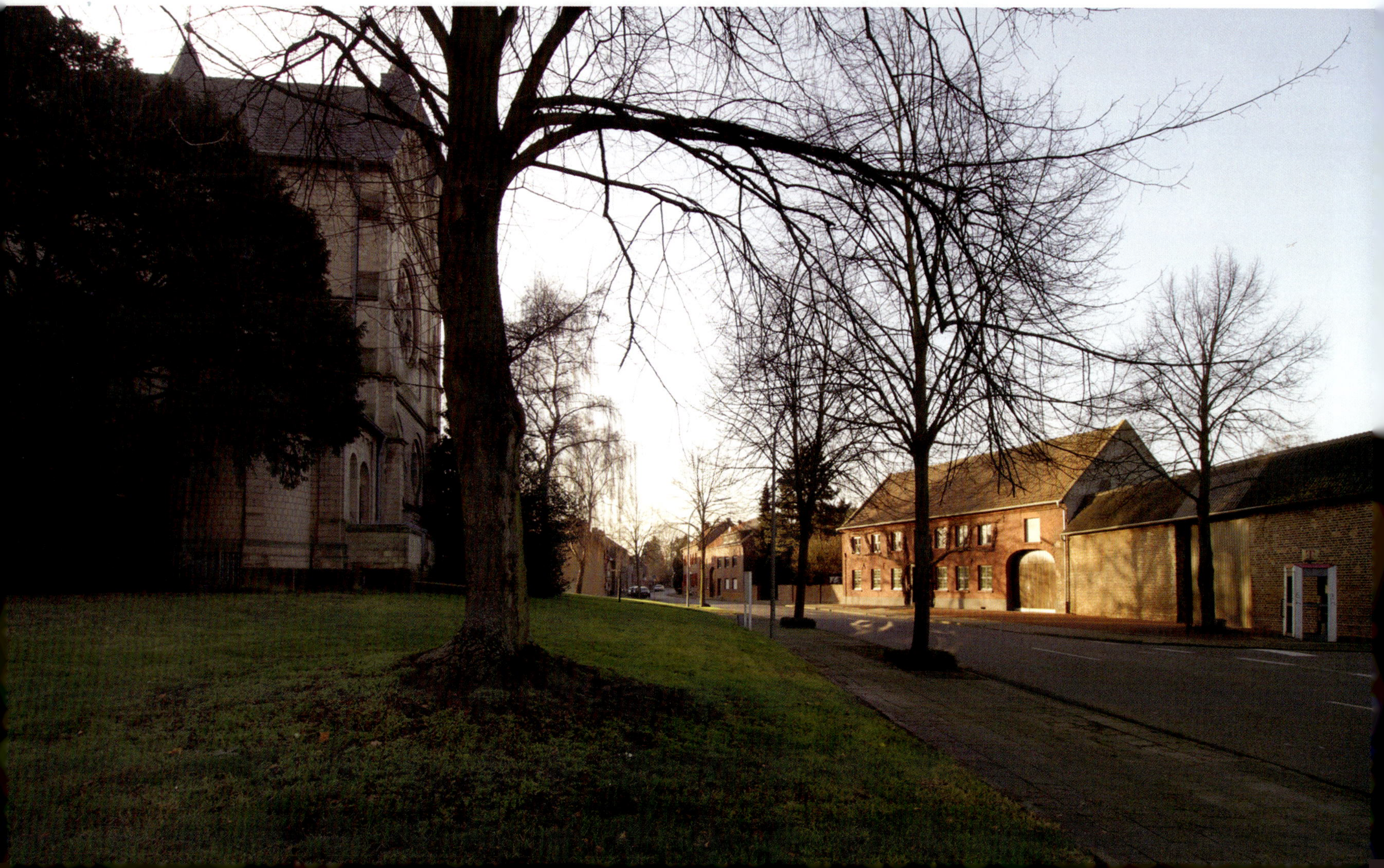

St. Lambertus in Immerath

Die eindrucksvolle und für unsere Region auch stilistisch seltene, neoromanische Basilika wurde nach einem Entwurf des Kölner Architekten Erasmus Schüller errichtet.

Die Immerather hatten sich 1888 nach anfänglichen Meinungsverschiedenheiten für einen Neubau mit Doppelturmfassade an der Stelle der zuvor abgebrochenen, schon im 12. Jh. erwähnten Kirche entschieden.

Die Ziegelsteinwände wurden mit Weiberner Tuff verblendet, die Granitsäulen lieferte eine Kölner Firma und den Schiefer für die Dächer bezog man aus Klatten an der Mosel.

Am 9. Juli 1891 konnte mit der feierlichen Einweihung die neue Kirche endlich in Gebrauch genommen werden.

Es schmerzt zu wissen, dass auch dieser stolze „Dom" dem Abbau der Braunkohle zum Opfer fallen soll.

Neben der neuen Inneneinrichtung wie Altar, Kanzel und Kreuzweg fanden auch die kostbaren Schätze aus der alten Kirche – das spätgotische Kreuz (um 1400) und die Lambertus- und Marienglocke (beide um 1500) – wieder einen Platz in der neuen Kirche.

Detail vom Chorgestühl

Links: Portal mit Tympanon. Die Sandsteinarbeiten führte Steinmetzmeister Bachem aus Königswinter aus.

Die Immerather Windmühle

Die 1780 erbaute Turmwindmühle bezeichnet man auch als Bergwindmühle, weil ihr Fuß mit einem künstlichen Hügel umgeben ist. Er ersetzt eine hölzerne Galerie, von der aus der Müller die Segel aufspannte und die Flügel in den Wind drehte.

Je nach Windstärke lautete der Ruf des Müllers an den Mühlenknecht: „*Treck jet op*" oder „*Treck jet af*", um die Segelbespannung zu vergrößern oder zu verringern.

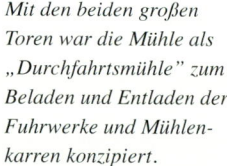

Die Immerather Mühle hat noch bis 1928 als letzte im Erkelenzer Land ihren Mahl-Dienst getan.

Nach der Restauration im Jahr 1977 und einer zeitweiligen Nutzung der Turmräume für kulturelle Veranstaltungen der Stadt ist auch ihr weiteres Schicksal längst schon durch den herannahenden Tagebau vorherbestimmt.

Mit den beiden großen Toren war die Mühle als „Durchfahrtsmühle" zum Beladen und Entladen der Fuhrwerke und Mühlenkarren konzipiert.

Links: Der Neuwerker oder Paulshof gehörte schon im 12. Jh. zur Abtei der Benediktinerinnen in Neuwerk.

Mittlere Reihe: Grabkreuz aus Blaustein mit der Jahreszahl 1790 · Torklopfer am Hoftor · Verlassenes altes Wohnhaus · Ziergiebel am Wachtmeisterhof.

Links unten: Der Wachtmeister- oder Duissenhof mit der Jahreszahl 1763. Das Zisterzienserinnen-Kloster Duissen gründete 1234 den Hof.

Rechts unten: Der Junkershof geht auf ein Ritterlehen der Edelherren von Wevelinghoven aus dem 12. Jahrhundert zurück.

Lützerath – schon der Name klingt klein

Hinter Hecken und Obstwiesen versteckt sich der kleine Weiler Lützerath in der Nachbarschaft von Alt-Immerath.

Wer den Ort besucht, fühlt sich unvermittelt wie in ein fremdes Wohnzimmer versetzt, so nah beieinander und privat wirkt die enge Nachbarschaft der wenigen, überschaubaren Häuser und Höfe. Zum Glück sehen die Dorfbewohner die merkwürdigen Foto-Touristen mit freundlicher Gelassenheit.

Lützerath gehörte Jahrhunderte lang zur Gemeinde und zur Pfarre Immerath und soll bald wie diese wegen des herannahenden Braunkohletagebaus Garzweiler II umgesiedelt werden.

Dabei muss hier schon in grauer Vorzeit jemand mit dem Rufnamen Luzo oder Lutzelin gelebt haben, denn schon im Jahr 1168 wird in einer Urkunde der Ort *Lutzelenrode* erstmals schriftlich erwähnt.

Dieser Name lässt sich mit „Rodung des Lutzelin" erklären und weist auf eine Entstehungsphase im Hochmittelalter hin. In der Urkunde bestätigt der Erzbischof von Köln den Nonnen von Neuwerk den rechtmäßigen Besitz eines Gutes.

Der Ort bestand ursprünglich nur aus drei großen Hofanlagen, die noch heute das Ortsbild bestimmen.

Der Zourshof an der Niersquelle

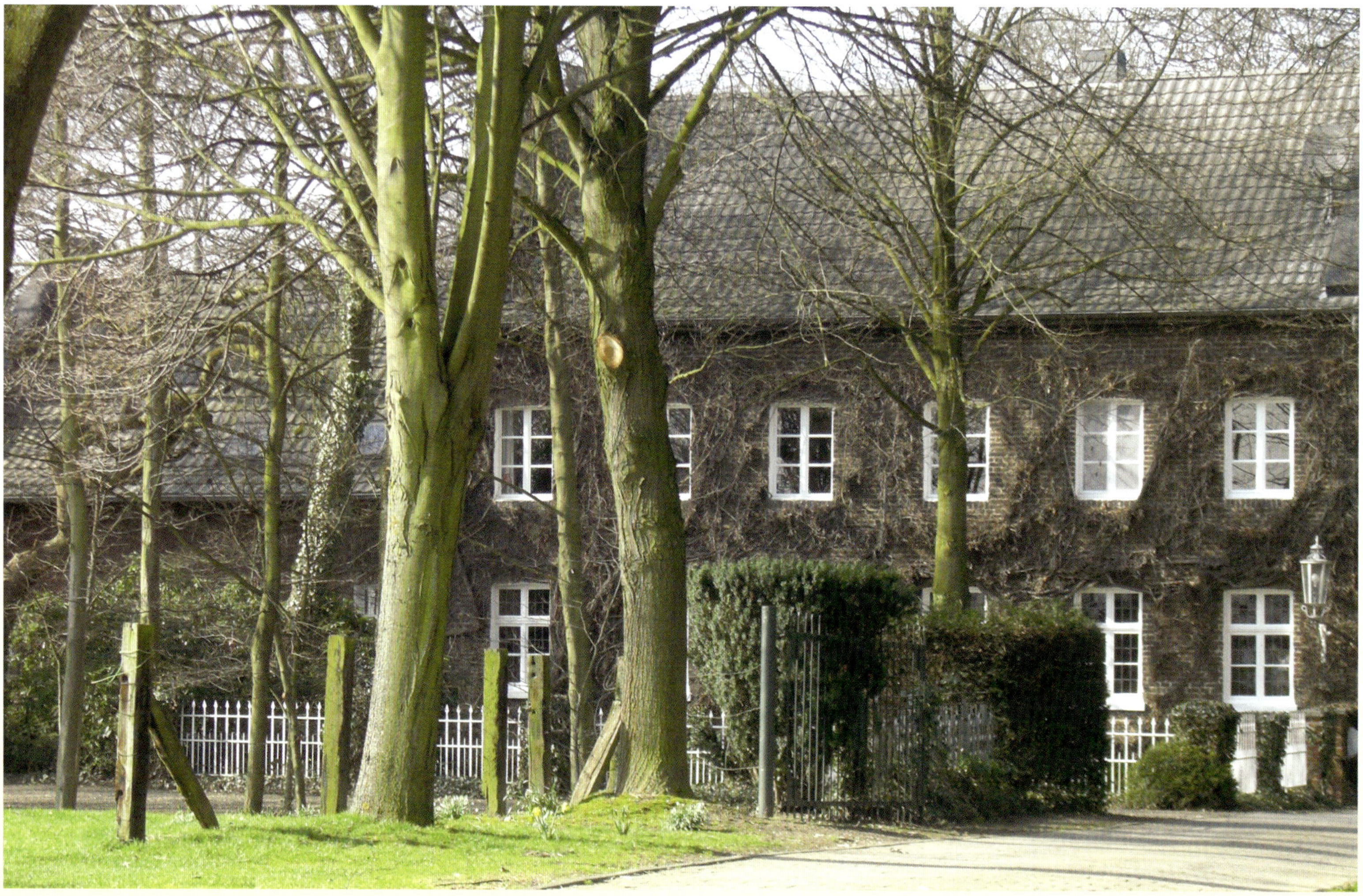

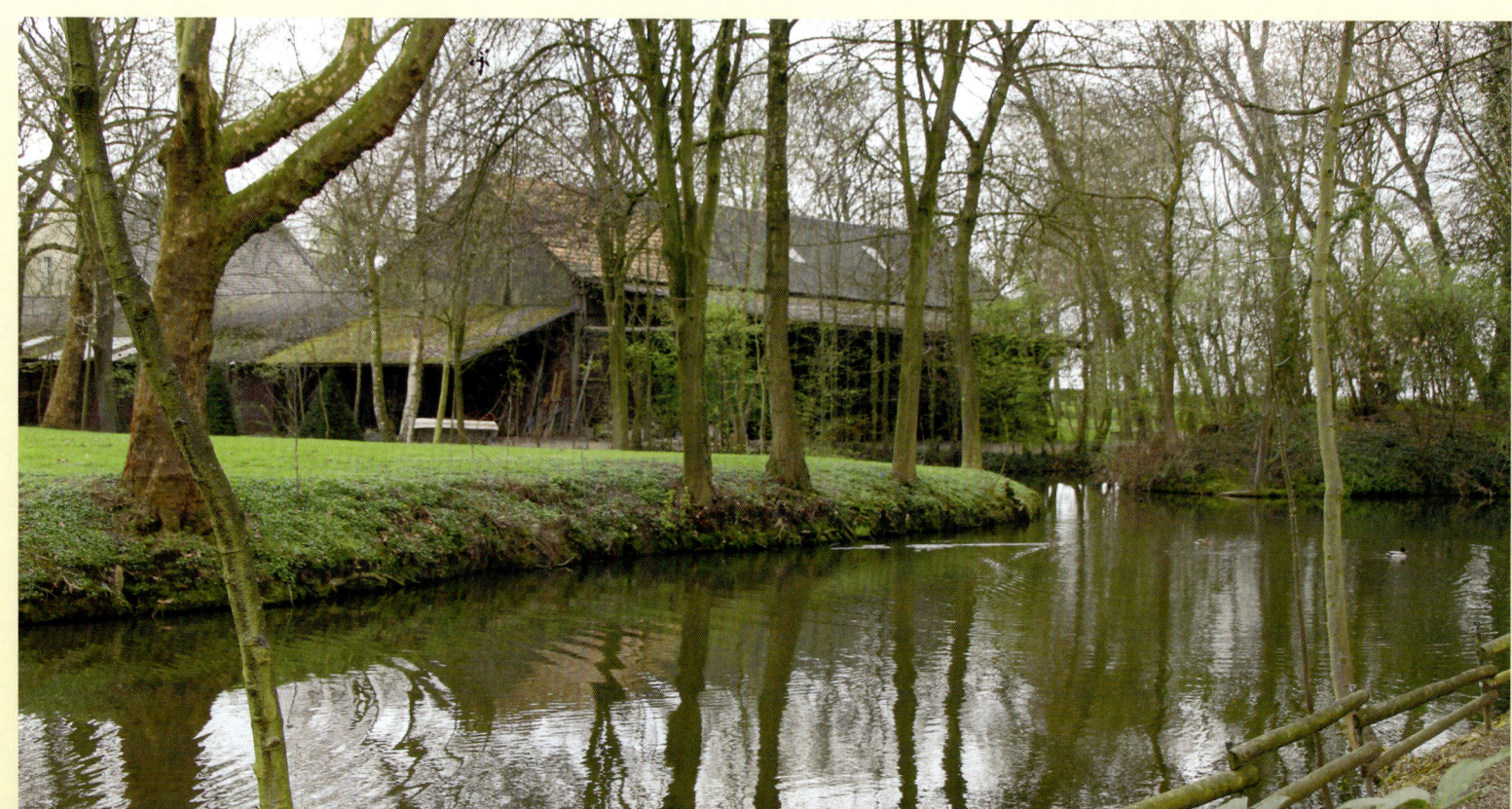

Der Zourshof, früher eine Wasserburg, war ein Rittersitz der seit dem 13. Jahrhundert belegten Edelherren von Zours. Das mit Weinlaub bewachsene Wohnhaus stammt aus dem Jahr 1829. Das Grabensystem mit den Inseln für die Haupt- und Vorburg sowie die Hofanlage sind erhalten geblieben und wurden früher von der Niers, deren Quellengebiet hier ist, gespeist. Die Quellen sind heute durch den Braunkohleabbau versiegt und Sümpfungswasser aus der Tagebaugrube muss über Rohrleitungen künstlich zugeführt werden. In den nächsten Jahrzehnten sollen auch der Zourshof und Westrich den Baggern weichen.

Oberwestrich

Der zweiteilige Weiler Westrich gliedert sich in Ober- und Unterwestrich und ist wahrscheinlich auf den alten Herrensitz Zourshof zurückzuführen. Die Abtei Gladbach erwarb im Jahr 1285 Land zu *Westrich* in der Pfarre Keyenberg und bestätigte dies in einem Kaufvertrag. Oberwestrich liegt mit nur wenigen Häusern an einer Wirtschaftswegekreuzung südöstlich von Kuckum am Nordrand der Erkelenzer Börde.

Bild oben: Blick auf Oberwestrich in Richtung Kaulhausen.
*Bild rechts: Am Übergang vom 18. zum 19. Jahrhundert
entstand das neugotische Wegekreuz in Oberwestrich.*

Unterwestrich

Unterwestrich verläuft im Süden parallel zur Niers, die hier ihr Quellgebiet hat, und zum nördlich davon gelegenen Kuckum. Beide Orte sind inzwischen zusammengewachsen und der ortsfremde Besucher weiß nie genau, wo er sich gerade aufhält.

Eine zeitlang gehörte Westrich zur Mairie Kuckum. Anschließend war der Ort Teil der Bürgermeisterei Keyenberg, bevor er zum Amt Holzweiler eingegliedert wurde. Seit der Gebietsreform 1972 ist er ein Stadtteil von Erkelenz.

Bild unten: Unterwestrich mit Blick in Richtung Zourshof.

Kuckum wurde schon im Jahr 1300 als *Kucheym* erwähnt. Das *heim* im Namen lässt aber auf einen wesentlich älteren Ursprung schließen, vielleicht auf einen fränkischen Hof.

Der Ort hat in den vergangenen Jahrhunderten eine wechselvolle und unruhige Geschichte erlebt, wie sie typisch war in einem Grenzort. Kuckum gehörte zeitweilig zum Jülicher Amt Kaster, war dann in französischer Zeit selbst Mairie, fiel danach an die Gemeinde Wanlo und hat nun, zur Erkelenzer Stadt gehörend, diese unsteten Zeiten überstanden. Nur um letztendlich doch dem Tagebau geopfert zu werden?

Keine neue Erfahrung für Kuckum, das schon einmal fast vollständig zerstört war, nachdem am 23. April 1758 eine Feuersbrunst in kürzester Zeit 48 von 50 Häusern in dem Ort niederbrannte.

Kuckum ist ein sogenanntes Straßendorf und verläuft parallel zum Flusslauf der Niers.

Oben: Beliebte Fotomotive – die Anfang des 20. Jahrhunderts mit Stuckornamenten verzierten Fachwerkhäuser an der Straße „In Kuckum".

Kleines Bild Mitte: Stuck-Detail über dem Fenstersturz.

Rechts: Kuckum wurde Anfang des 20. Jh. selbständige Pfarre. Aus dem Jahr 1891 stammt die Herz-Jesu Kirche mit der 1,50 m hohen neugotischen Christus-Statue aus Sandstein über dem Portal.

Unten: Parkähnliche Landschaften entlang der Niers.

Kaulhausen - Dorf in der Kuhle

Wer aus Erkelenz mit dem PKW kommt, glaubt geradewegs in die Kapelle zu steuern, die den Mittelpunkt von Kaulhausen ausmacht. Hier im Zentrum des Ortes treffen sternförmig fünf Straßen und Wege zusammen. Noch bis zum Ende des 19. Jahrhunderts befand sich hier eine Wasserstelle. Sie diente als Pferdetränke und Löschteich.

Vor der Gebietsreform im Jahr 1972 gehörte der Ort zur Gemeinde und zur Pfarre Venrath.

1478 wird *Kuilhousen* zum ersten Mal in einer Urkunde genannt. Der Ortsname läßt sich mit „Häuser in einer Senke" oder einer „Kuhle" erklären, was der tatsächlichen topografischen Lage entspricht.

Rechte Seite: Schon im 17. Jahrhundert besaß Kaulhausen eine eigene Kapelle, sie wurde aber abgebrochen. Die neue Kapelle im neugotischen Stil erhielt als Schutzpatron den heiligen Wendelinus. Sie wurde am 14. Juni 1908 feierlich eingeweiht.

Großes Bild oben: Hof an der Kaulhausener Straße Richtung Venrath.

Kleines Bild: Rotweiße Fensterläden in der sogenannten Sanduhr-Farbgebung.

Links: Straße von Westrich Richtung Erkelenz. Die meisten Häuser und Höfe in der Ortsmitte stammen aus dem 19. Jahrhundert.

Venrath - eine Rodung im Venn

Von Venrath erfahren wir zum ersten Mal aus einer Urkunde vom 30. Mai des Jahres 1197, in der der Erzbischof Adolf I. von Köln bestätigte, dass der Edelmann Otto II. von Wickrath ein Allod zu *Venirode* an das Kloster Knechtsteden übertrug. Mit Allod bezeichnete man im Mittelalter einen Besitz, über den der Eigentümer – im Gegensatz zu einem Lehensgut – frei verfügen konnte.

Ursprünglich muss die Gegend um Venrath – zumindest teilweise – feuchtes Gelände gewesen sein; das jedenfalls lässt der Ortsname vermuten. Das althochdeutsche „fenni" in *Venirode* bedeutet Sumpf und „rode" heißt Rodung und weist auf eine Entstehungszeit des Ortes im Hochmittelalter hin.

In unmittelbarer Nachbarschaft liegt der im 12. Jh. erstmals erwähnte kleine Ort *Echenbouhcs*. Das heutige „Minidorf" Etgenbusch gehörte schon immer zur Stadt Erkelenz, war aber kirchlich lange Zeit ein Teil der seit 1804 selbständigen Pfarre Venrath.

Politisch gehörte Venrath ursprünglich zum Jülicher Amt Kaster, war ab 1794 nacheinander bei der Mairie Kuckum und Bürgermeisterei Keyenberg und kam 1935 zum neuen Amt Erkelenz-Land. Seit 1972 ist Venrath zur Stadt Erkelenz eingemeindet.

Linke Seite oben: Die Kuckumer Straße mit Blick auf den 48 Meter hohen Turm von St. Valentin. Der Plan für die dreischiffige, neugotische Pfarrkirche aus den Baujahren 1867/68 stammte von F. von Schmidt, Bauleiter wurde aber der Aachener F. R. Cremer. Die neue Kirche ersetzte einen Vorgängerbau, der schon 1525 am früheren Kirchhof, dem jetzigen Friedhof, gestanden hatte.

Linke Seite unten: Fachwerkhäuser an der Kuckumer Straße aus dem 17. und 18. Jahrhundert.

Bild Mitte: Ganz besondere Schmuckstücke an vielen alten Häusern sind die kunstvoll gestalteten Feuerversicherungsschilder. Schon auf Bildern von Karl Spitzweg kann man sie häufig sehen. Ursprünglich waren sie als Werbung für die Versicherungsgesellschaften gedacht. Später wurde die Befestigung der Schilder an Häusern oder Scheunen zum Schutz vor Doppelversicherungen vorgeschrieben. Anfang des vergangenen Jahrhunderts wurden sie bevorzugt aus Emailleblech hergestellt.

Bild unten: Der frühere Settelshof aus dem Jahr 1788 in der Kuckumer Straße wurde inzwischen zu einer kleinteiligen Wohnanlage umgebaut.

Bild ganz unten: Bei dem als Gaststätte genutzten Fachwerkhaus aus dem 18. Jahrhundert erkennt man, dass die Fensterläden nicht nur Zierat sind, sondern immer noch eine Funktion erfüllen.

Mennekrath, Heimatort des Erkelenzer Chronisten

Matthias Baux, der hier Anfang des 16. Jhs. geboren wurde, musste noch etliche Meilen zurücklegen, wenn er die Stadt Erkelenz besuchen wollte, zu der sein Heimatort Mennekrath schon seit jeher gehörte.

Der prominente Secretarius der Stadt notierte in der Zeit zwischen 1544 -1569 die wichtigsten Ereignisse, die uns heute so interessante Einblicke in das Leben des 16. Jahrhunderts gewähren. Mennekrath selbst ist schon wesentlich früher, im Jahr 1309, gleich mehr-

mals schriftlich belegt. Zum einen durch ein Besitzverzeichnis des Aachener Marienstifts, das hier propsteiliche Güter besaß, zum anderen durch einen spektakulären Gerichtsprozess, bei dem unter anderen auch ein Rutgerus de *Menkenraide* als Zeuge auftrat.

Da der Ortsname zur Gruppe der Rodungsnamen gehört, kann man annehmen, dass die Entstehungszeit Mennekraths auch in die Zeit des 9. bis 11. Jahrhunderts fällt.

Heute würde Matthias Baux sich wundern,

denn sein Heimatort hat neue Nachbarn aus Borschemich bekommen und Erkelenz liegt mittlerweile fast vor der Haustür.

Bilderreihe oben: Es wird noch Landwirtschaft betrieben im Ort, wenn auch nicht mehr mit Pferd und Pflug. Das Kreuz aus dem Jahr 1976 hängt an der Stelle, wo früher eine kleine Kapelle gestanden hat.

Bilder links: Vierflügeliger Backsteinhof von 1752, darunter Wohnhaus mit Walmdach aus dem Jahr 1808.

Bild unten: Die Front der alten Hofanlage aus Fachwerk und Backstein von 1773 wurde verputzt.

Schotten in Terheeg

"Fotografieren sie doch die Hochlandrinder, das sind so schöne Tiere und die sind neu im Ort". Damit spricht die freundliche Frau in Terheeg vielen Landfreunden aus der Seele, für die die Natur mit ihren Tieren und Pflanzen allemal sehenswerter ist, als Straßen und Häuser.

In dem typischen Straßendorf kann man aber auch die für unsere Gegend ungewöhnliche, kleine Kapelle St. Lucia finden. Sie wurde als Friedenskapelle anstelle einer im Krieg zerstörten Vorgängerin aus dem 17. Jahrhundert errichtet. Mit dem über dem Chor gerundeten Saal und dem vorgebauten Glockenturm ist sie das einzige „moderne" Kirchenbauwerk im Erkelenzer Stadtgebiet.

Terheeg bildet im Dorfzentrum mit den eng zusammengerückten, alten Bauernhöfen und den Wohnhäusern eine geschlossene Häuserfront an dem für unsere alten Dörfer so typischen, geschwungenen Straßenverlauf.

Es gehörte zur Erkelenzer Grundherrschaft des Aachener Marienstiftes und wird schon 1441 als *der Heghe* erstmalig erwähnt.

Der Ortsname leitet sich von hegen, bewahren oder umzäunen ab. Er gehört damit nicht zu den Rodenamen, sondern deutet auf eine Entstehungszeit im 12.-13. Jahrhundert hin.

Oben: „Wetterfeste" Highlander können das ganze Jahr über im Freien bleiben.

Mitte oben: Verputzter Fachwerk-Winkelhof aus dem 17. Jahrhundert.

Mitte unten: Meistfotografierte kleine Wohnhausgruppe; die farbig verputzten Häuser sind um 1900 entstanden.

Linke Seite: Im 15 Meter hohen, offenen Turm kann man den Glocken beim Läuten zusehen. Der Neubau wurde 1956/57 nach Plänen der beiden Aachener Architekten Dr. Bertram und Dr. Lang errichtet.

Die Fenster wurden von Ludwig Schaffrath, Professor an der Kunstakademie Stuttgart, gestaltet. Altar und Steele im Chorraum wurden von dem bekannten Erkelenzer Künstler Peter Haak entworfen.

71

Wo Kaiser Karl zu Gast war

Noch bis ins 19. Jahrhundert hinein lag das heute so ruhig gelegene Wockerath an der alten Heerbahn, der wichtigen Handels- und Verkehrsstraße zwischen Köln und Antwerpen. Der Name Wockerath lässt wie die anderen „rath"-Namen im Stadtgebiet auf eine Entstehungszeit in der Rodungsperiode des 9.-11. Jahrhunderts schließen. Schriftlich genannt wurde *Wukeroide* 1309 in einer Urkunde des Aachener Marienstifts, das hier Lehnsgüter besaß. Im März des gleichen Jahres taucht der Name gemeinsam mit sieben anderen Ortsnamen im Verhandlungsprotokoll eines mittelalterlichen Betrugsprozesses auf.

Darin ist neben zahlreichen Zeugen auch ein Arnoldus de *Wykenraide* aufgeführt. Bekannt ist Wockerath aber hauptsächlich als Geburtsort des berühmten Erkelenzer Pfarrers *Goswin van Wouckeraid*, der hier am 29. Juli 1543 als Abgesandter der Stadt zu Verhandlungen mit dem mächtigen Kaiser Karl V. zusammentraf. Da die städtischen Unterkünfte wegen einer Feuersbrunst immer noch ruiniert waren, beherbergte er ihn in seinem Haus zum gemeinsamen Mal. Der überlieferten Tageszeit nach würde man heute sagen, er lud ihn zum „Brunch". Dokumentiert wurden diese Ereignisse von dem uns schon

Wockerath

aus Mennekrath bekannten Matthias Baux.
Auch Conrad Ohoven, der letzte Prior des
Kreuzherrenklosters Hohenbusch, war ein
gebürtiger Wockerather.

Kleines Bild links und Bild unten: Die über 300-jähri-
gen Backsteinkapelle am Ortseingang. Sie beherbergt
unter anderem eine spätgotische Statue der St. Odilia
aus dem ehemaligen Kloster Hohenbusch.

Die Hofanlagen von 1745 an der Jakobstraße bilden die
Stammhäuser des Pfarrers Goswin. Heute sind sie zu
modernen Wohnanlagen umgebaut.

Bilder rechts: Hof an der Annastraße von 1792 mit
sehenswerter Rokokotür. (Siehe auch Seiten 106/146)

Wegkreuz am Kölner Heerweg.

Hofanlagen an der Jakobstraße.

Ruhig, kühl und zurückhaltend liegt die Maar in Bellinghoven, als könne sie kein Windhauch kräuseln. Aber der Anschein täuscht. Tatsächlich findet hier das pralle Leben statt. Der Weiher ist Mittelpunkt des kleinen Ortes. Man trifft sich zum Arbeiten wie zum Spielen und Feiern. Fast jeder weit und breit kennt die legendären Wasser-Wettkämpfe beim jährlichen Sommerfest an der Maar.

Der um diesen zentralen Platz gewachsene Ort zeigt eine historische Siedlungsform, die früher noch häufiger zu finden war, doch in den anderen Platzdörfern sind die Maare trockengelegt und verschwunden. Man vermutet, dass der Weiher schon vor dem Ort existierte und sich möglicherweise während der letzten Eiszeit durch Frostverwitterung aus einem Tausee entwickelt hat

Zum ersten Mal urkundlich genannt wird *Beldenckoven* gemeinsam mit sieben weiteren Dörfern aus dem Erkelenzer Land in einer Gerichtsakte vom März 1309. Laut Namensforschung ist der Ort aber bedeutend älter und reicht in die Frühkarolingerzeit zurück. Damit gehört er zu den ältesten Siedlungen im Erkelenzer Raum.

Oben: Die kleine Kapelle wurde 1824 zu Ehren der Gottesmutter erbaut.

Angerdorf Tenholt

Tenholt gehörte auch zur Erkelenzer Grundherrschaft des Aachener Marienstifts und wurde durch Zeugenaussagen des Martinus *de Houte* in dem schon genannten Prozess von 1309 erwähnt. Der Ortsname deutet auf eine Siedlung am Holz oder Wald hin.

In Tenholt treffen wir die seltene Siedlungsform eines Angerdorfes an. Der Anger, eine früher von der gesamten Dorfgemeinschaft genutzte Freifläche, war deshalb von einer Bebauung frei geblieben, weil die ersten Siedler diesen ursprünglich nassen Grund in einer Talmulde mieden und ihre Häuser rechts und links in höheren Bereichen gebaut hatten. Wo bis ins vorige Jahrhundert noch mehrere kleine Weiher und „Pöhle" waren, ist heute hauptsächlich Freiraum für

Spielplätze, Obstwiesen und Viehweiden. Einziges Bauwerk auf dem Platz, der bis heute Mittelpunkt des Dorfgeschehens ist, ist die kleine St. Antoniuskirche aus dem Jahr 1863, zu deren 125-jährigem Jubiläum die gebürtige Tenholterin Therese Frauenrath ihre ausführliche Chronik „Tenholt - ein Dorf im Erkelenzer Land" verfasst hat.

Links von oben: Ehemaliger Dorfbrunnen am Anger, darunter: Wohnhaus an der Straße zum Wahnenbusch. Vor dem alten Bauernhaus im Dorfzentrum steht eine Gruppe Linden, von denen zwei schon mehr als 150 Jahre alt sind. Im Schatten der Bäume saßen früher die Familienmitglieder gerne mit den Nachbarn vor der Haustür zusammen und gestalteten so ihre noch fernsehlose Feierabend-Freizeit.

Rechts: Die nach einem Entwurf von Heinrich Nagelschmidt erbaute kleine Kirche wurde Mitte des 20. Jhs. erweitert durch Josef Viethen aus Erkelenz.

Neue Nachbarn zwischen Kückhoven und Wahnenbusch

Im Südwesten von Kückhoven, zwischen Tenholt, Bellinghoven und dem Wahnenbusch, heißt es zusammenrücken, damit viele der Umsiedler aus den Braunkohle-Abbaugebieten hier eine neue Heimat aufbauen können. Mit der neuen Landschaft hat man es nicht schlecht getroffen. Noch ist ein kleines zusammenhängendes Stück Restwald der ehemals „wilden Busche" um Erkelenz erhalten und als kleines Naherholungsgebiet ganz reizvoll. Es ist ein reiner Laubwald, aufgelockert durch Wiesen und Weiden. In alten Zeiten

nutzte man ihn im sogenannten Mittelwaldbetrieb, bei dem Jungbäume als Brennholz gefällt wurden und andere als Samenbäume stehenblieben. Die dienten später auch als Bauholz. Bemerkenswert sind die vielen Kuhlen und Gräben, die ständig oder zeitweise mit Wasser gefüllt sind. Es handelt sich um ehemalige Flachsrösten, in denen man bündelweise Flachsstengel einweichte, um durch den Zersetzungsprozess die brauchbaren Fasern gewinnen zu können. Es soll fürchterlich gestunken haben.

Glücklicherweise ist das Vergangenheit. Heute können wir die Natur hier ungestört genießen .

Bilder oben und unten: Neubaugebiete bei Kückhoven. Rechte Seite: Weg zwischen Kückhoven und Tenholt. Flachsrösten und Gräben am „Alten Burgplatz".

Borschemich Neu mit „Lingeboom"

Die Borschemicher sind ihrer angestammten Ostlage von Erkelenz treu geblieben, nur etwas nördlicher als bisher. Viele von ihnen haben im Jahr 2011 an einem langen Fußmarsch von Alt-Borschemich zur neuen Heimat teilgenommen, um den Neuanfang mit einer symbolischen Erdübertragung zu beginnen. Borschemich-Neu ist noch zu jung, um schon üppig mit Bäumen, Büschen und Hecken bewachsen zu sein, aber in einigen Jahren werden die vielen neugepflanzten Alleen und Gärten den Ort mit der Umwelt zusammenwachsen lassen.

Auch die junge Linde soll einmal mindestens 400 Jahre alt werden wie ihre Vorgängerin in Alt-Borschemich.

Gleich schon mitgeplant sind die Versammlungsstätten für die alten dörflichen Traditionsveranstaltungen.

Im Luftbild kann man den Fortschritt des Siedlungsbaus besonders gut verfolgen.

Während Geschichtsforschung gewöhnlich im Rückblick erfolgt, können wir hier als Zeitzeugen die Planung und Entstehung neuer Wohn- und Lebensräume in ihrer Anfangsphase beobachten. Sie werden für die aus ihrer über 1000-jährigen angestammten Heimatregion verdrängten, altvertrauten Orte, die den Braunkohlebaggern weichen müssen, neu erschlossen.

Schneller als man glaubt, entsteht heute ein neuer Ort im freien Feld. Doch es wird wohl noch einige Zeit vergehen müssen, bis er sich „eingewachsen" hat und Wurzeln bekommt. Erst die nachfolgenden Generationen der Bewohner werden sich wahrscheinlich wie selbstverständlich hier heimisch fühlen.

Kückhoven

In Kückhovens langer Geschichte treffen wir auf einen der Edelherren, die in der Zeit um 1309 den folgenschweren Konflikt mit dem Aachener Marienstift auslösten.

Emundus von *Kudichoven* wurde vor Gericht beschuldigt, dem Aachener Propst Gerardus von Nassau Unrecht angetan zu haben, weil er und noch andere Beschuldigte sich angemaßt hätten, den Zehnten im Dorf und im Bezirk Erkelenz einzuziehen, was nur dem Propst und dem von ihm eingesetzten Schultheißen gestattet war.

Im Verlauf der Streitigkeiten soll sogar ein Mord geschehen sein. Es wurde eine Kommission eingesetzt, die den Sachverhalt überprüfte und in einem Verhandlungsprotokoll über 70 Zeugenausagen dokumentierte. Für

Historiker eine wahre Fundgrube. Kückhoven selbst dürfte um die Zeit 750 - 900 nach Chr. entstanden sein und gehörte wohl zu dem Besitz in und um *Herclenze*, den das Aachener Stift laut Urkunde von 966 als Schenkung durch Kaiser Otto den Großen erhalten hatte.

Der Ort gehörte bis 1851 zu Erkelenz. Danach folgten etwa 100 Jahre Eigenständigkeit bis zur Gebietsreform von 1972.

In jüngerer Zeit wurde Kückhoven eines der größten Dörfer im Erkelenzer Land und hat mit über 2000 Einwohnern bereits kleinstädtischen Charakter.

Rechts: De Japstock, das Symbol der Kückhovener Karnevalsgesellschaft auf dem Platz „An der Maar".

Mitte: Husaren und Schützenbrüder.

de Japstöck

Die technisch begabten Kückhovener Brüder Konrad und Peter J. Gerats konstruierten um 1800 eine Mannsfigur so an die Kirchturmuhr, dass sie beim Glockenschlag mechanisch den Kopf zur Uhr wandte und den Mund öffnete. Ein Holzweiler Besucher bestaunte das Schauspiel so sehr, dass er rücklings in die Maar fiel. Seither haben die Holzweiler den Spitznamen „Kickop" und die Kückhovener sind allerorts bekannt als „Japstöck".

Rechts: Der Erkelenzer Chronist Baux berichtet von der Grundsteinlegung für den Kirchturm im Jahr 1460. Die Anbauten des Kirchenschiffes stammen aus dem 20. Jh.

Unten von links: Das Haus am alten Marktplatz steht immer noch „An der Maar", obwohl diese längst zugeschüttet wurde. Der Hof in Kleinend wurde 1667 „errichtet", wie man es zu Zeiten des Fachwerkbauens nannte. Altvertraute Jugendstilfassade in der Servatiusstraße.

Berverath – im früheren

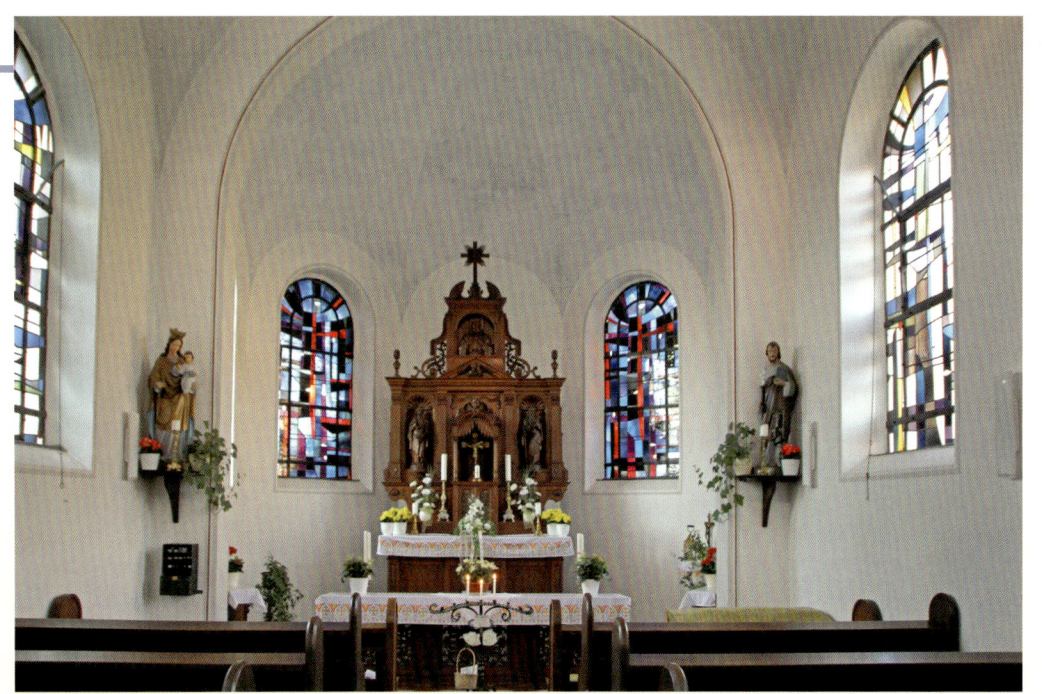

Noch heute liegt die kleine Siedlung wie eine stille Insel in der freien Feldflur, aber die lange Vergangenheit, auf die Berverath zurückblicken kann, zeigt eine wechselvolle Geschichte.

Der Bärenwald, auf den der Name *Bervelroide* schon Anfang des 12. Jahrhunderts hinweist, wurde für den ersten Hof gerodet. Dieser wurde dann zum Schutz mit einem Wall, mit Gräben und Hecken abgegrenzt.

Mitte des 17. Jahrhunderts, nach der großen Zerstörung im 30-jährigen Krieg, musste Berverath von nur drei übriggebliebenen Familien noch einmal neu aufgebaut werden. Vielleicht lebte eine von Ihnen auf dem sogenannten Kapitelshof, der einmal ein Rittergut

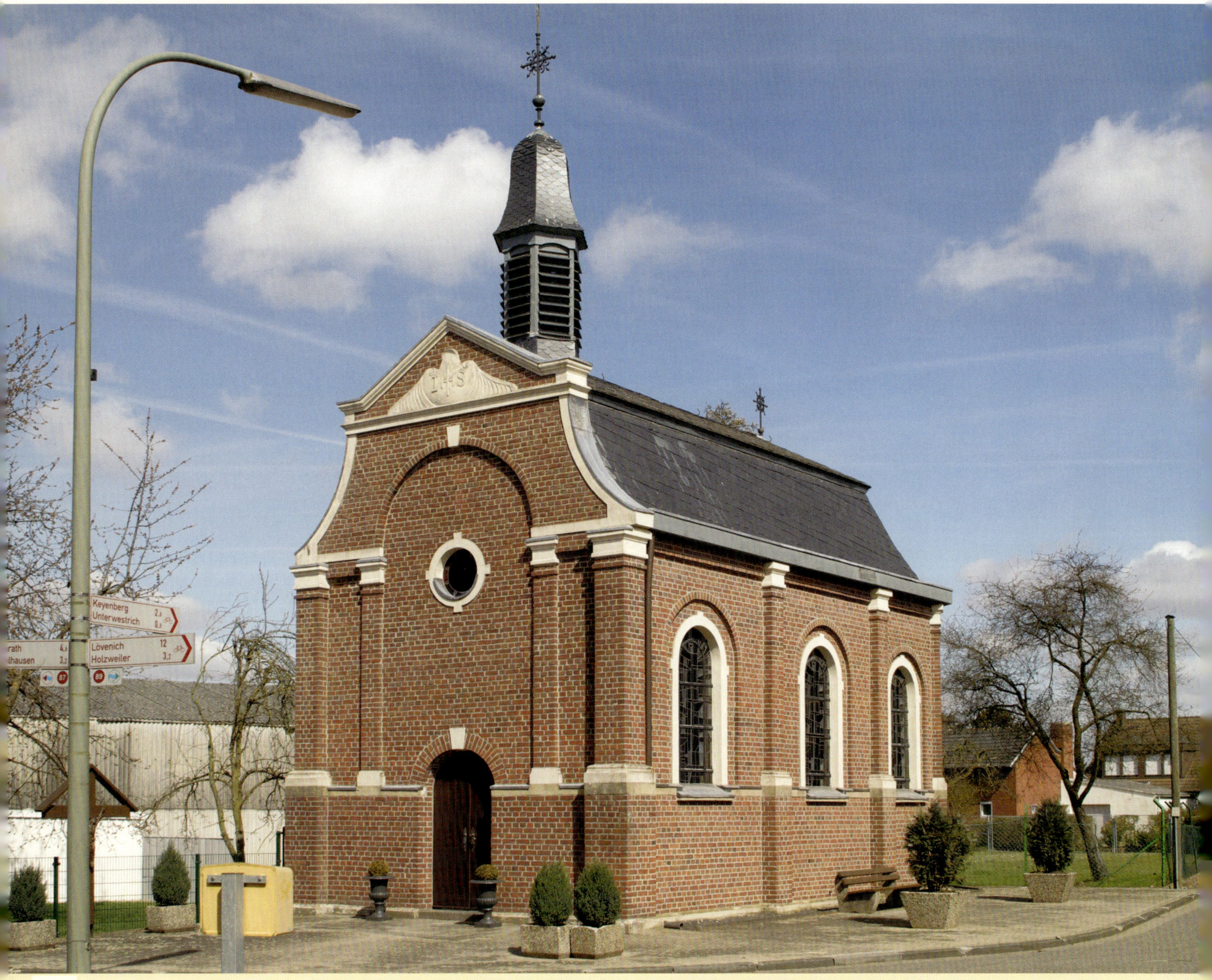

Bärenwald

gewesen war und dessen Geschichte mehr als 500 Jahre zurückreicht.

Berverath gehörte zur Pfarrgemeinde Keyenberg und ist seit 1972 Teil der Stadt Erkelenz.

Der Wald ist längst der landwirtschaftlichen Nutzung auf der Börde gewichen. Bären sind also nicht mehr die drohende Gefahr für die Menschen, die hier leben.

Bilder links: Die Kapelle St. Josef von 1909 ist im neubarocken Stil gebaut und wurde von einem privaten Stifter der Pfarre Keyenberg geschenkt. Der geschnitzte Hochaltar ist einzigartig und gehört zu den besonderen Sehenswürdigkeiten im Erkelenzer Land.

Rechts oben: Berverather Straße.

Rechts Mitte: Fachwerkhof von 1846.

Rechts unten: Der „Kapitelshof".

Vom südlichen Ortsrand Berveraths geht der Blick weit ins Kernland der Erkelenzer Börde. Hier erkennt der Betrachter die leichte Welligkeit der Landschaft, die für Radfahrer gerade mal den sportlichen Schwierigkeitsgrad „für Anfänger" darstellt und die zum Spazierenfahren geradezu einlädt.

Auf dem Weg nach Holzweiler, dessen Kirchturm als Wegweiser dient, passiert man an einer Wegegabelung, die rechterhand zum Eggerater und Roitzer Hof führt, einen Bildstock aus Backstein. Dieser sogenannte Fußfall wurde um 1900 vom damaligen Pächter des Eggerather Hofes anstelle eines älteren Vorgängers errichtet.

Neu hinzugekommen ins Landschaftbild sind die vielen Windkrafträder. Für unsere Region kommt der Einsatz solcher erneuerbaren Energiequellen um etliche Jahre zu spät.

Rechte Seite: An diesem abgeschiedenen, stillen Ort mag man gerne verweilen.

Holzweiler durch die Blume gesehen

Auch Holzweiler blickt auf eine über tausendjährige Geschichte zurück. Sie beginnt zwischen dem Rückzug der Römer aus dem Rheinland um 450 nach Chr. und einer Urkunde, die wir von Borschemich schon kennen und in der auch Holzweiler zum ersten Mal erwähnt wird.

In diesem Zeitraum können wir auch den Siedlungsbeginn von Holzweiler vermuten, denn durch den urkundlich besiegelten Rechtsakt vom 4. Juni 898 wechselte ein weit verstreuter, umfangreicher Besitz, darunter auch *Holtuuilare*, vom „Ruhmreichen" König Zwentibold an das Kloster Astnide, das spätere Stift Essen.

Bis zur Franzosenzeit Ende des 18. Jh. behielt das Damenstift Essen die Grundherrschaft über den Ort und die Pfarre, die zeit-

weilig zum Jülicher Amt Kaster gehörten. Nach unterschiedlichen Amtszugehörigkeiten wurde Holzweiler 1972 zur Stadt Erkelenz eingemeindet.

Wie die meisten östlich gelegenen Stadtteile ist auch Holzweiler vom Braunkohle-Tagebau betroffen und soll in einigen Jahren umgesiedelt werden.

Bild unten: Die ehemalige Schule von 1844 mit klassizistischem Dreiecksgiebel an der Landstraße.
Mitte unten: Blick vom Kirchplatz in die Niederstraße.

Links: Die dreischiffige neugotische Basilika St. Cosmas und Damian wurde in den Jahren 1857-1859 errichtet und am 9. Juni 1861 eingeweiht. Der 54 Meter hohe Turm folgte in den Jahren 1914-1923.

Untere Reihe links: Hofanlage in der Brüderstraße.

Unten rechts: Das Seitengebäude zum oben genannten Hof in der Brüderstraße erinnert ein wenig an den erstaunten Gesichtausdruck eines Trolls.

Die Majestäten residieren...

Nicht nur in Holzweiler gehört das alljährlich wiederkehrende Schützenfest zu den besonderen Highlights des Dorflebens. Viele der Schützenbruderschaften entstanden schon mit den im Spätmittelalter aufgekommenen Fronleichnamsprozessionen. Die Bruderschaften verpflichteten sich zum Schutz von Kirche und Dorf und zur Hilfe bei Krankheit und Not.

Die Holzweiler St. Sebastianus-Schützenbruderschaft besteht seit etwa 375 Jahren. Der Wahlspruch heißt Glaube, Sitte, Heimat. Zum traditionellen Zeremoniell gehört zunächst das Königsschießen. Dem dabei ermittelten

Schützenkönig ist die Huldigung der gesamten Dorfgemeinschaft sicher. Zur Feier werden Häuser und Straßen mit Fahnen und Girlanden festlich geschmückt.

Es folgen Festtagsgottesdienst, Aufzüge, Paraden, Festbankette, der Königsball und die Ehrung der Jubilare. Die Feiern enden mit dem traditionellen Klompenball.

Rechts: Die Schützen salutieren und die attraktiven Ehrendamen in glamourösen Roben ziehen die Aufmerksamkeit der Zuschauer auf sich.

Rechts unten: Pfingsten 2012 in der Holzweiler Kirche. Chor, Querhaus und Westturm wurden von Vincent Statz geplant, allerdings konnte der Turm, entworfen vom Aachener Dombaumeister Joseph Buchkremer, erst 1925 fertiggestellt werden.

1953 gestaltete der Erkelenzer Heinz Tillmanns den Chorraum neu.

Unten: Am Kirchplatz vor dem beeindruckenden Holzweiler Hof, einer fränkischen Hofanlage, die schon im 16. Jh. nachgewiesen ist, residiert der Schützenkönig mit Damen und „Hofstaat". Das Holzweiler Trommler- und Pfeifercorps spielt ein „Ehrenständchen".

![Das von Wassergräben umgebene Herrenhaus]

Am Tor des Eggerather Hofes hat laut Überlieferung im Jahr 1814 ein Kosakenschwadron so lange mit Lanzenspitzen gegen das schwere Hoftor eingespickt, bis ihnen geöffnet wurde. Die Spuren von diesem Überfall waren noch lange zu sehen. Nur eine Episode in der langen Geschichte des Hofes. Es gibt

Hinweise darauf, dass er vielleicht den Mittelpunkt eines kleinen Weilers mit mehreren Höfen darstellte, der 1642 gebrandschatzt wurde. In der ersten bekannten Urkunde von 1197 bestätigt Erzbischof Adolf I. von Köln eine Stiftung des Edelherrn Otto zu Wickrath an das Kloster Knechtsteden, darunter

befindet sich unter anderem ein Allod zu *Venirode* und ein Zehnt, gelegen in einem Dorf, genannt *Eckenrode*.

Oben: Das von Wassergräben umgebene Herrenhaus des einstigen Rittersitzes stammt aus dem Jahr 1754. Unten: Die verwinkelten Toranlagen am Eggerather Hof vermitteln einen Eindruck von der Wehrhaftigkeit der ehemaligen „Ackerburg".

Keine 500 Meter entfernt liegt das ehemalige Rittergut Roitzerhof, eine mehrteilige Hofanlage im fränkischen Stil, mit einem kleinen Weiher. Sie musste im Jahr 1757 „wegen totaliter eingeäscherten Haus, Scheuer und Stallungen" neu errichtet werden. In der ältesten Urkunde von 1341 verkauft der Jun-

ker Hermann van Virnich dem Ritter zu Grypekoven eine Rente von 40 Malter Roggen aus dem Hofe, genannt „in den roydholts bei Echenroide gelegen" Der Hof war etwa 200 Jahre im Besitz derer von Palandt, ehe er für lange Zeit an die Kölner Patrizierfamilie De Groote kam.

Oben: Außenansicht der Wirtschaftsgebäude aus dem 18. und 19. Jh., die zusammen mit dem alten Wohnhaus eine Hofanlage mit zwei Innenhöfen bilden.
Unten links: Das jüngere Wohnhaus liegt an einem Rest des früheren Wassergrabens.
Unten rechts: Über der Tür Chronogramm mit Wappen der Familie De Groote-von Hilgers und dem Hinweis: „An Ort und Stelle und in vornehmer Gestalt entstand dem Besitzer der Gutshof wieder nach Unheil. 1757".

Die alten Feldhöfe galten in der uns bekannten Geschichte als alloidaler Besitz verschiedener Adelsgeschlechter, die keiner Grundherrschaft unterstanden. Der Weyerhof ist der jüngste der drei bei Holzweiler gelegenen Höfe. In einem Essener Besitzverzeichnis von 1400 wird er noch nicht genannt. Erste Hinweise erhalten wir durch ein Schöffenprotokoll um 1550, in der eine Rentenstiftung des Gerhard Rost *uff der Weyers* erwähnt wird.

Näher bei Katzem liegen der Hauerhof, der Eichhof und der hier nicht abgebildete Dingbuchenhof. Der Hauerhof könnte der in einer Urkunde genannte Hof zum *Hauw* gewesen sein, den der Jülichsche Landdrost Godart von Harff 1467 an seinen Sohn übertrug. 1656 wurde er wegen Erbstreitigkeiten nochmals erwähnt.

Die jüngsten Höfe bei Katzem entstanden im 19. Jh. auf dem sogenannten „Erkelenzer Landrücken", auf dessen Wasserscheide sich der letzte größere Wald über mehr als sieben Kilometer von Ost nach West hinzog.

In dem ehemaligen Buchholzbusch standen ungeachtet seines Namens auch sehr viele Eichen. Er war ein Gemeinschaftswald und wurde in der ersten Hälfte des 19. Jahrhunderts verkauft und als einer der letzten Waldstücke im Erkelenzer Land gerodet. Nach 1860 entstand hier auch der Reiterhof Gut Eichhof.

Rechte Seite oben: Der zweigeschossige Wirtschaftstrakt des Hauerhofs mit imposanter Toreinfahrt, einer meterlangen Buchenhecke samt altem Baumspalier und – nicht zu vergessen – mit immer freilaufenden, „glücklichen" Hühnern, liegt an der Landstraße zwischen Holzweiler und Katzem. Er musste nach dem Krieg zu großen Teilen wieder aufgebaut werden.

Mitte rechts: Wohngebäude des Hauerhofes.

Rechts unten und kleines Bild: Reiterhof Gut Eichhof.

Linke Seite: Wie eine grüne Insel liegt der Weyerhof an der Landstraße zwischen Kückhoven und Holzweiler. Die heutige 4-flügelige Hofanlage aus Backstein stammt aus der 2. Hälfte des 19. Jahrhunderts.

Die Figurennische im Ziergiebel zeigt den hl. Josef.

Auf der Tranchotkarte von 1807 ist der Hof noch auf der anderen Straßenseite eingetragen.

Schönwetter-Landschaften

Im Nordwesten des Stadtgebietes bei Gerderath geht das flache Bördenland in die bewaldeten Ränder der Urstromtäler von Maas, Rur und Schwalm über. Immer häufiger findet man hier nun auch Weideland, das sich unter die Getreide-Anbauflächen mischt. Farbliche Highlights sind die Rapsfelder mit ihrem wohlriechenden Blütenflor.

Links oben: Blühende Rapsfelder vor Vossem.
Links unten: Zwischen Fronderath und Gerderhahn.
Rechts oben: Blick von Oerath auf Grambusch.
Rechts unten: An der nordwestlichen Stadtgrenze.

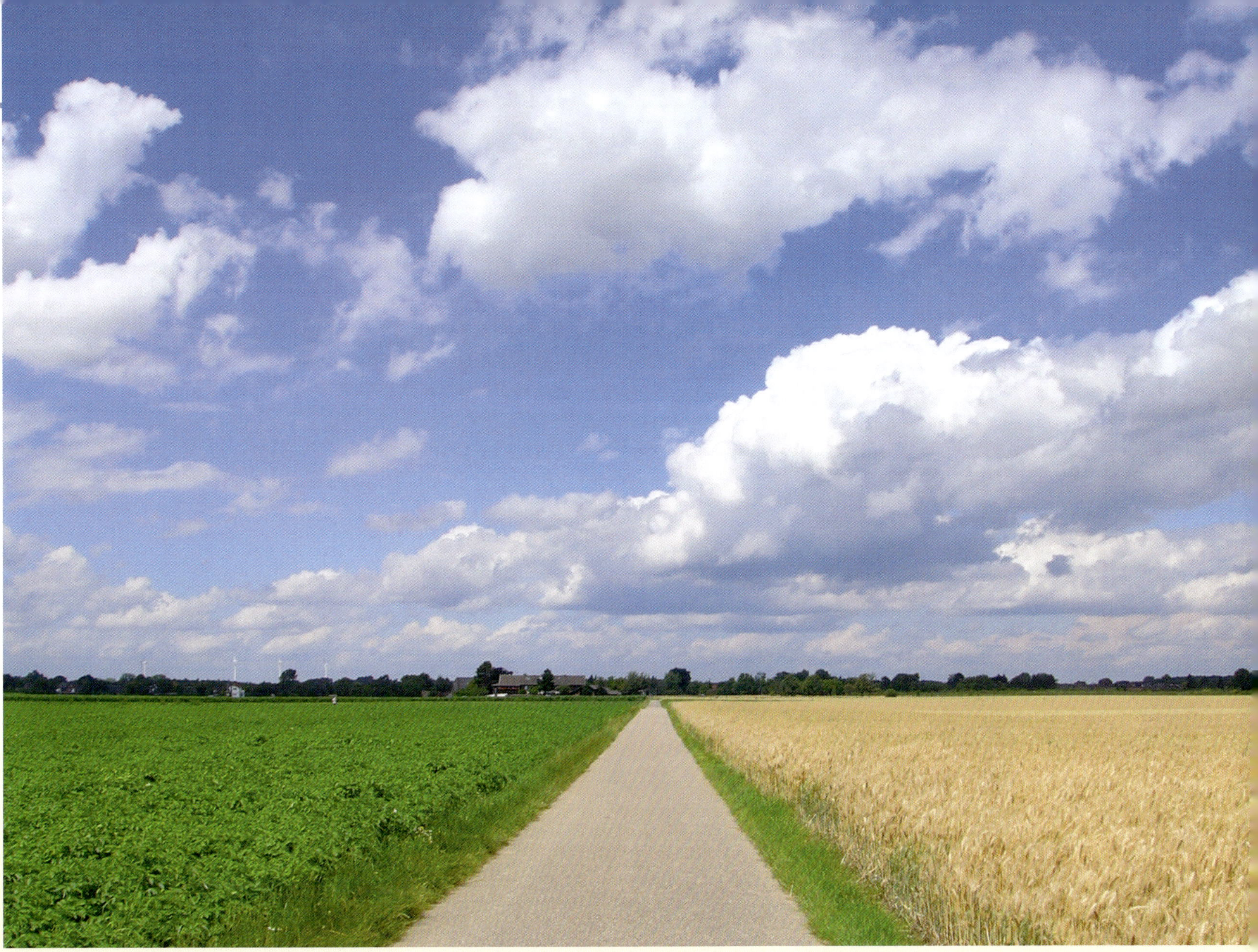

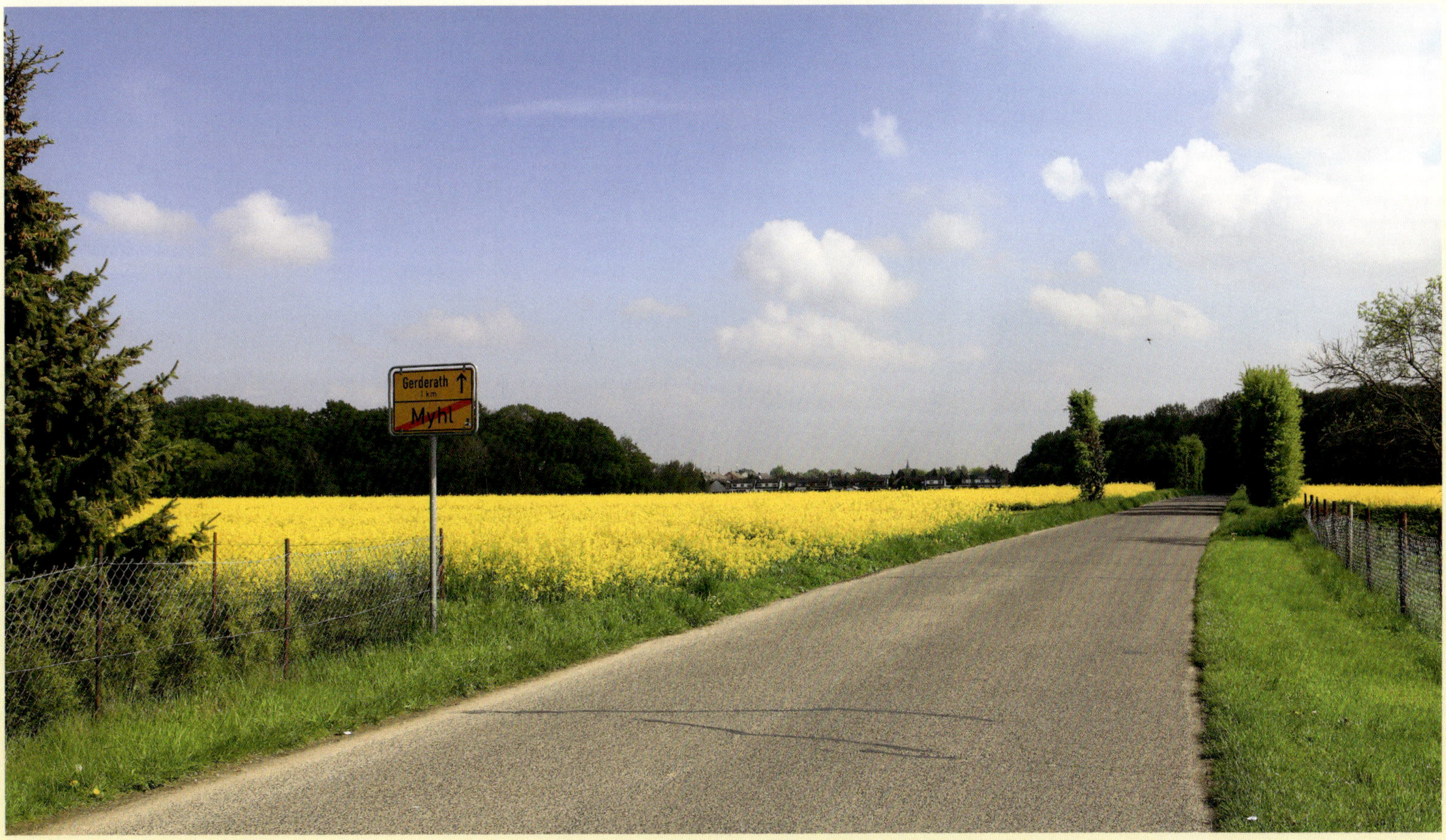
Gerderath
1 km
Myhl

Nur einen Katzensprung von der City entfernt erlebt man in Oerath das Landleben in seiner angenehmsten Form. Man kann sich ausbreiten ohne Platznot, ist gleich mitten in der Landschaft, wenn man nur kurz um die Straßenecke geht, und ist trotzdem im Handumdrehn im Stadtzentrum, wenn man Lust auf Trubel hat.

Oerath gehörte schon immer zur Erkelenzer Grundherrschaft des Aachener Marienstifts und wird als *Udenraide* in dem bekannten Prozess-Protokoll von 1309 genannt. Der Rodename und die enge Nachbarschaft zu Erkelenz lassen vermuten, dass der Ort schon zur ersten Siedlungsperiode im Hoch-

mittelalter zählt. Das bedeutet, es musste wirklich Wald gerodet werden. Bäume fällen und Wurzelstöcke ausgraben – keine leichte Arbeit für die ersten Dorfsiedler.

Aber auch die jüngere Vergangenheit hatte jede Menge schwere Arbeit und Ungemach zu bieten, jedenfalls wenn man den Tagebuch-Notitzen des Oerather Ackerers Peter Heinrich Frieten Glauben schenkt.

Damals, Anfang des 19. Jhs., war die sogenannte Franzosenzeit gerade vorbei und die Preußen hatten das Regiment übernommen. In Oerath wurden auch junge Männer rekrutiert, während zuhause das Dorfgeschehen noch hauptsächlich aus der Arbeit und den

Sorgen um die Landwirtschaft bestand. Zu den politisch unruhigen Zeiten gesellten sich regelmäßig auch katastrophale Wetterbedingungen oder Mäuse- und Schneckenplagen, die die Ernte zunichte machten. Zum Glück sind diese Zeiten längst Vergangenheit.

Rechts: Haus Schrammen, das Geburtshaus des Chronisten Peter Heinrich Frieten. Seine Notizen, die er in den Jahren 1827-1834 schrieb, beginnt er so: „Der Verfasser dieses ist genannt Peter Heinrich Frieten, geboren im Jahre unseres Herrn 1797 den 7. April, und zwar zu Oerath von Andreas Frieten und Maria Sibilla Geraths. Gemeldter Verfasser spricht, ich werde mich nicht damit begnügen die Tage meines Lebens dahin verstreichen zu lassen ohne der Nachwelt etwas Neugieriges davon zurück zu lassen...“

Linke Seite von oben: Die Kapelle Hl. Familie von 1931 im Ortszentrum gehört seit 1932 zur Pfarre Erkelenz.

Kamin der alten Ölmühle aus dem 19. Jahrhundert.

Bild Mitte: Neugotisches Wegkreuz von 1874.

Unten: Hofeinfahrt des Hauses Houben aus der 2. Hälfte des 19. Jh. Das Namensschild ganz unten stammt aus der Zeit, als es noch zweistellige Telefon-Nummern gab.

In Grambusch

$\mathcal{W}$er mit offenen Sinnen diesen Ort durchquert, erkennt sofort die Schönheiten, die Grambusch zu bieten hat. Der historische Ortskern hat sich seit 200 Jahren kaum verändert und die vielen auffallenden, oft wunderschön erhaltenen Häuser und Höfe laden zum Spazieren und Staunen ein. Selbst ein kleines Märchen-Schloss lässt sich hier entdecken.

In der Zeit, als Grambusch noch zum Jülicher Amt Dahlen gehörte, wurde am 15. Mai 1583 durch den Vogt zu Dahlen eine genaue Grenzbeschreibung von *Grambosch* amtlich festgehalten. Ortsnamen mit den Endungen *busch*, *heeg* oder *holt* deuten auf eine Entstehungszeit etwa im 12.-13. Jahrhundert hin.

Noch aus grundherrlichen Zeiten besaßen auch die Herren von Wickrath in Grambusch einen Zehnten und konnten wohl auf diese Weise Einfluss auf den Ort nehmen. Denn obwohl Grambusch zum Jülicher Herzogtum gehörte, ist es in der reformierten Schwanenberger Kirchengemeinde geblieben.

Grambusch galt 1737 als das größte Dorf der Kirchengemeinde, heute ist es mit Schwanenberg zusammengewachsen.

Untere Reihe von links: Häuserzeile „In Grambusch"
„Schlösschen" am Rheinweg.
Häuser mit traditionellen Blaustein-Gewänden.

In Grambusch, wie in vielen anderen Dörfern unserer Region, gehörte es zur traditionellen Bauweise, zur Einfassung von Türen und Fenstern und für die Türschwelle Blaustein zu verwenden. Er stammt vorwiegend aus Belgien, wurde früher aber auch aus Aachen bezogen. Blaustein ist eine Bezeichnung für unterschiedliche Gesteine, teilweise aus bläulichem Schiefer oder aus dunkelgrauem Kalkstein. Wer hat als Kind nicht schon auf dem „Dölper", dem Tür- oder Treppenstein gesessen?

Rechts und unten: Am Rheinweg steht dieser Hof von 1725. Der Fachwerkgiebel des Wohnhauses zeigt zur Straße, wie es noch bis ins 18. Jahrhundert üblich war.

Auch der dreiflügelige Fachwerkhof aus dem 18. Jahrhundert verhält sich zeitgemäß mit der Ausrichtung des Walmdach-Giebels zur Straße.

Links: Die beiden Hofanlagen, teils Fachwerk, teils Backstein, sind auch aus dem 18. Jh., haben ihre Fassaden aber schon mit der Traufseite zur Straße hin gebaut.

Eine alte Legende

Eine fast vergessene Legende erzählt, dass in grauer, heidnischer Vorzeit ein Schwanenpaar an einem Quell auf einem Wasserteich lebte. Die Heiden opferten an dem sprudelnden Quell, weil sie den Ort und die Schwäne für heilig hielten.

Dann kamen christliche Männer vom Rheine her und viele aus der Gegend hier ließen sich aus dem Quell taufen. Die heiligen Männer aber legten den Teich trocken und bauten darauf ein Kirchlein und über der Quelle den Altar. Die Schwäne aber, ihrer Quelle beraubt, ließen sich auf einem nahen Berge nieder und an jedem Sonnabend zum Vesperläuten kamen sie und verweilten still trauernd auf dem Kirchendach über dem Altar.

Die Christen aber liebten ihr Schwanenpaar und bauten sich Hütten an dem Berge und nannten ihr Dörflein Schwanenberg.

Tatsächlich hieß der Ort 1427 *Swalenbergh*. Dieser Name hat seinen Ursprung wohl von dem Bach Schwalm, der früher hier sein Quellgebiet hatte.

Unten: Das Pastoratswohnhaus wurde 1722 von Pastor Anton Quast anstelle des alten Vorgängerbaus mit massivem Ziegelstein neu erbaut. Von dem großen Dorfbrand Anno 1777 blieb es verschont.

Die jetzigen Nebengebäude stehen erst seit 1826/54. In dieser Zeit wurden auch die beiden prächtigen Platanen gepflanzt, die noch heute den Toreingang flankieren.

Großes Bild unten: An den alten Friedhof rings um die Kirche erinnern noch zwei steinerne Kreuze aus der Zeit vor 1547. Sie wurden in die Mauern des südlichen Seitenschiffs eingesetzt. Im Hintergrund die alte Schule.

Rechte Seite: Die Kirche aus ungewohnter Perspektive, kennt man sie doch sonst nur von ihrer „Schauseite".

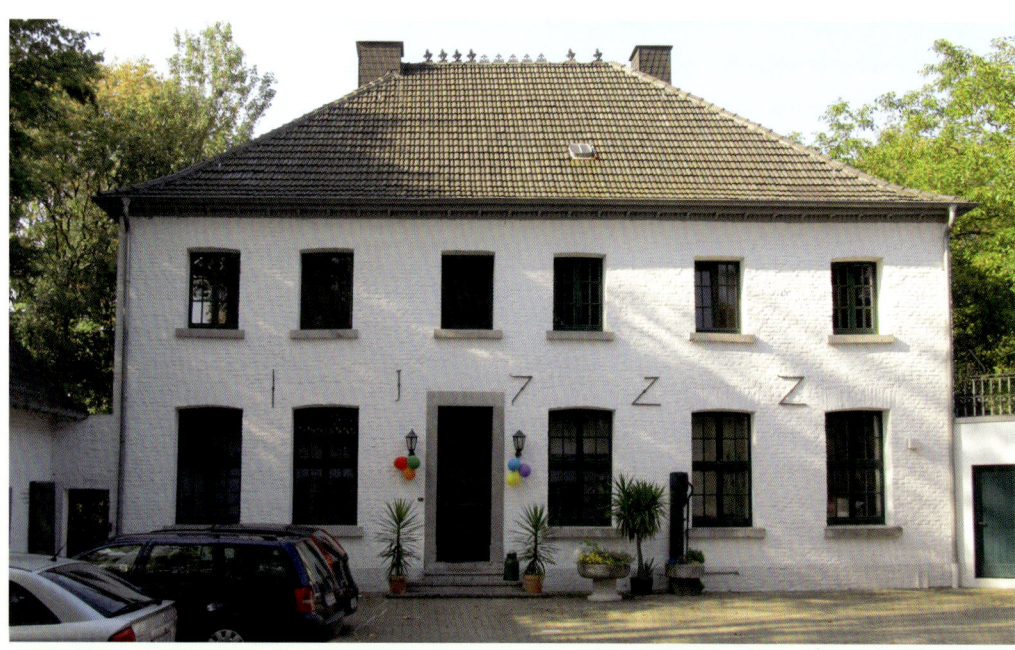

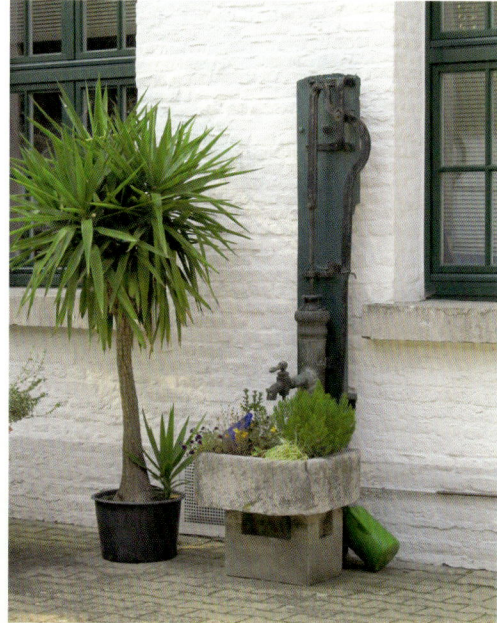

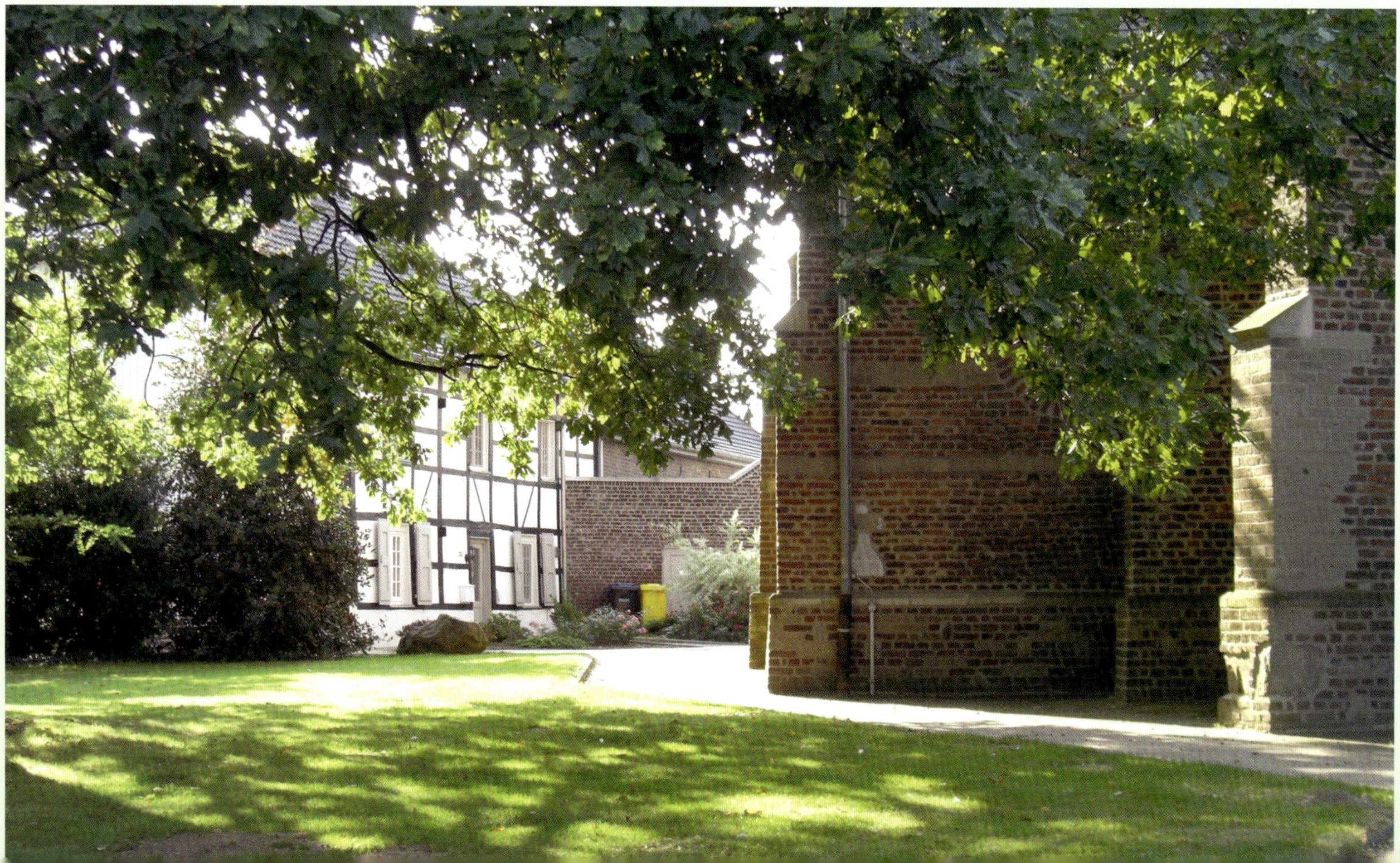

Oben: Ein Buntglasfenster im Seitenschiff der ev. Kirche.

Bild rechts: Der von der Künstlerin Ursula Klügel gestaltete Brunnen symbolisiert die Schwalmquelle.

Unten: Von 1871 ist der 4-flügelige Backsteinhof. Die Türrahmen und Fensterbänke sind aus Blaustein. Der Bürgersteig zeigt eine alte Mosaik-Steinpflasterung.

Untere Reihe von links: Am Treffpunkt von Buscherbahn und Rheinweg gab es früher ein Gasthaus. Der heutige 3-flügelige Hof stammt aus dem 18. Jahrhundert.

Die alten Häuser am Rheinweg bilden einen geschlossenen, historisch gewachsenen Straßenzug.

Das älteste Steinhaus am Schwanenberger Platz erhielt seine Stuckfassade um die vorletzte Jahrhundertwende.

Möglicherweise geht die Bezeichnung *-berg* im Ortsnamen auf eine alte Burganlage am Standort des heutigen Pastorats zurück.

Das Gelände war von tiefen Gräben umfasst, die noch bis Anfang 1800 ständig mit Wasser gefüllt waren.

In das schon immer zur freien Reichsherrschaft Wickrath gehörende Schwanenberg wurde Mitte des 16. Jahrhunderts durch den damaligen Landesherren Johann von Quadt schon bald nach der Reformation der protestantische Gottesdienst eingeführt. Seitdem war die Gemeinde eine evangelische Enklave im überwiegend katholischen Umland. Erst 1961/62 erhielt der Ort auch eine katholische Kirche.

In der Franzosenzeit war Schwanenberg eine Mairie, zu der auch die umliegenden Dörfer gehörten. 1972 kam die bis dahin eigenständige Bürgermeisterei zur Stadt Erkelenz.

Rechte Seite oben: Ev. Kirche und alte Schule am Markt. Im Jahr 1547 war die Kirche bis auf den alten, romanischen Turm im gotischen Stil neu gebaut worden und hat ihr Aussehen seither kaum verändert.

Die zum vertrauten Dorfanblick gehörende, alte Schule musste mit Hilfe von „Liebesgaben" erneuert werden, wie wir heute noch auf einem Türbalken lesen können. Denn die alten Gebäude hatten den Dorfbrand Anno 1777 nicht überstanden.

Wer, außer den Bewohnern, weiß denn genau, wo Schwanenberg aufhört und Lentholt anfängt? Die beiden sehenswerten, benachbarten Fachwerkhäuser am Lindcheweg in Richtung Matzerath jedenfalls gehören zu Lentholt. Danach erklärt der Straßenname „in Lentholt", wo man sich befindet.

Schön ist es hier in dem Ort, der 1312 zum ersten Mal als *Lenthout* genannt wird und der in diesem Jahr auf 700 Jahre Geschichte zurückblicken kann. Ein späterer Vertrag aus dem Jahr 1430, in dem festgehalten wurde,

dass ein Johann von Broichhausen eine Erbrente aus seinem Zehnten zu *Lintholt* im Kirchspiel *Swalenberg* verkauft, zeigt, dass die beiden Dörfer seit Jahrhunderten eine Gemeinde bilden.

Genau wie Schwanenberg gehörte auch Lentholt zur freien Reichsherrschaft Wickrath und in der Reformationszeit des 16. Jahrhunderts bekannten sich die meisten Bewohner zur protestantischen Konfession.

Der Name Lentholt erklärt sich als Lindenholz oder Lindenhain, entsprechend der alten Flur- und Straßennamen „Am Lindchen" oder Lindcheweg.

Unten: Rokokotür im Stil der oft fotografierten Segschneider-Tür in Lövenich (Seite 146), hier vom Fachwerkhof am Lindcheweg aus dem Jahr 1874. Die obere Hälfte der zweigeteilten Tür lässt sich separat öffnen.

Viele Häuser und Höfe in Lentholt aus dem 18. / 19. Jh. bestehen teilweise noch aus Fachwerk.

Ganz unten: An die jüdische Gemeinde in Schwanenberg erinnert der ehemalige Friedhof, heute eine Gedenkstätte.

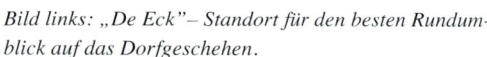

Bild links: „De Eck"– Standort für den besten Rundum-blick auf das Dorfgeschehen.

Mitte links: Auch an der Straße „In Genhof" moderne, ökologische Energiegewinnung auf dem Dach.

Mitte rechts: Zwischen den Baujahren der beiden ältes-ten Häuser im Brunnenweg liegen mehr als hundert Jahre (1870 und 1736).

Reihe unten: Ein typischer „Bongert", ein von Hecken umsäumter Obstbaumgarten. In den Wiesen an den Dorfrändern tummeln sich die tierischen Landbewohner.

Genhof – ein freundlicher Ort zum Leben

Goldgesäumte Straßen in dem Ort, der seit Jahrzehnten bemerkenswerte Goldhochzeiten für seine Jubelpaare ausrichtet. Die gesamte Dorfgemeinschaft ist beteiligt, wenn es um das Schmücken der Straßen und Häuser und natürlich um das Feiern geht. Offenbar lässt es sich in dem ruhigen Ort so friedlich leben,

dass die gegebenen Eheversprechen ein Leben lang halten. Oder sollte die Aussicht auf die große Feier vielleicht der Grund dafür sein?

Seit jeher gehörte Genhof zur Schwanenberger Gemeinde und wurde deshalb seit Mitte des 16. Jahrhunderts protestanisch.

Etwa 1467 wurde der Ort als *geyn Hove* und 1669 als *gen Hoff* schriftlich erwähnt und man kann vermuten, dass sich das Dorf aus einem Einzelhof entwickelt hat.

Die Vorsilbe *gen* im Namen Genhof wie auch bei Genfeld und Geneiken bedeutet *in Richtung auf* oder *gegen*.

In Genfeld

Landidylle wie aus dem Bilderbuch: In Genfeld findet man noch versteckte Winkel, in denen man sich in „die gute alte Zeit" zurückversetzen kann. Hier entdeckt man zum Beispiel eines von den Milchbänkchen, auf denen die Bauern früher ihre Milchkannen zur Abholung für die Molkerei bereitstellten.

Hier stört keine vielbefahrene Durchgangsstraße den ursprünglichen Dorfcharakter und mit etwas Glück begegnet man vielleicht einer Pferdekutsche bei einer gemächlichen Landpartie.

Untere Reihe: Panoramablick zwischen Genfeld und Schwanenberg hindurch in Richtung Erkelenz.

Genfeld gehörte ursprünglich teils zum Herzogtum Jülich und teils zur Reichsfreiheit Wickrath. Erst seit Mitte des 16. Jahrhunderts wurde der Ort protestantisch, weil er größtenteils zur Schwanenberger Kirchengemeinde gehörte, in der schon früh nach der Reformationsbewegung durch den damaligen Wickrather Landesherren der evangelische Gottesdienst eingeführt wurde.

Schon 1560 wird der Ort als *uff den veldt* zum ersten Mal schriftlich erwähnt. Es fällt nicht schwer, den Namen als Siedlung auf dem Feld zu deuten.

In solchen Kannen wurde die Milch zum Abholen auf die Bank gestellt und zur Molkerei gebracht.

Geneiken und der Dyker Hof

Eichen findet man immer noch reichlich in dem Ort, der dem Eichenbaum seinen Namen verdankt. Entwickelt hat sich Geneiken wahrscheinlich aus dem benachbarten Dyker Hof, der schon 1465 *Gendyk* genannt wird. Später um 1561 und 1562 erscheinen *angen Eicken* und *angen Dick* bereits gemeinsam.

In das Wort *Dyck* deuten die Historiker den Begriff Deich hinein und glauben, hier könnte ein Weiher gewesen sein – gut möglich in unmittelbarer Nähe zur Schwalm. Der Name Geneiken ist unschwer als Siedlung an einem Eichenbestand zu deuten. Der Ort gehörte früher zum Jülicher Amt Wassenberg in der Herrschaft Tüschenbroich. Durch die Lage im Grenzgebiet zwischen der Reichsfreiheit Wickrath und dem Geldrischen Gebietsteil Wegberg sind die territorialen Zugehörigkeiten oft unsicher gewesen. Heute ist Geneiken der nördlichste Ort im Erkelenzer Stadtgebiet.

...an der Schwalm

Die Schwalm durchfließt von hier aus das Naturschutzgebiet Maas-Schwalm-Nette. Ihre ursprüngliche Quelle wurde mal in Schwanenberg, mal in Genhof und auch in Geneiken vermutet. Mittlerweile muss das Feuchtgebiet durch Einspeisung aus dem Braunkohletagebau künstlich erhalten werden.

Unten: Einer Legende nach soll die Schwalm einmal in einem Kuhstall des Dyker Hofs entsprungen sein. Großes Bild: Die „offizielle" Schwalmquelle bei Geneiken.

Wer als Ortsfremder Moorheide besuchen will, muss mit gutem Orientierungs- und Spürsinn ausgestattet sein, um den versteckten, kleinen Weiler mit dem romantischen Namen im äußersten Nordwesten des Erkelenzer Landes zu finden.

Die kleine Siedlung gehört zur Gemeinde Gerderath und ihre erste schriftliche Erwähnung verdanken wir dem Bierbrauer *Feit up der Muyrheyde*, der um 1559 hier gelebt hat.

Heute ist der Ort wohl kaum größer als zu Feits Zeiten und noch immer lebt man hier in relativer Abgeschiedenheit.

Linke Seite: Älteste Hofstelle im Ort.

Unten: Wegkreuz von 1902.

Nur die vielen verirrten Bälle vom nahe gelegenen Golfplatz unterbrechen zeitweilig ein wenig die ländliche Ruhe.

In der Dorfgemeinschaft wird Naturschutz groß geschrieben und man freut sich, dass in den Hecken und Wiesen rund um Moorheide lange verdrängte Tierarten wie Blindschleichen, Salamander und Eidechsen wieder heimisch geworden sind.

Außerdem findet man im äußersten Westen von Nordrhein-Westfalen – nur hier – das einst vom Aussterben bedrohte, bretonische Quessantschaf, die kleinste Schafsrasse der Welt.

Unten: Bretonische Zwergschafe und einheimische Esel in nachbarschaftlicher Eintracht.

Strassendorf ohne Ende - Gerderhahn

Eins der besonders auffallenden Merkmale Gerderhahns ist die Länge des Dorfes, das mit über 2000 Metern das längste klassische Strassendorf im Erkelenzer Land ist. Schon der gebürtige Gerderhahner Chronist Johann Gerhard Gormanns wusste einiges über die Straße zu notieren. So wurde im Jahr 1881 ein Gefälle von 358 Zentimetern ermittelt.

In den Sommern 1883 und 84 wurden die Strassenrinnen gepflastert und im Sommer 1891 folgte die östliche Dorfstraße *vom Haus des Tagelöhners Jansen bis zur Wiese von Dreßen*. Leider endeten Gormanns Eintragungen vor der Fertigstellung.

Gerderhahn wird 1452 in einer Urkunde als *In ghin Hane* erwähnt. Historiker leiten das Wort *-hahn* auf Hagen zurück, was früher als Gebüsch oder Einfriedung zu verstehen war. Im Jahr 1666 erscheint der Name als *Gerderatherhahn* und lässt sich so auch als Bezeichnung für eine Grenzsiedlung oder Grenzflur am Rande des Ursprungsortes Gerderath interpretieren. Entstanden ist der Ort wohl in einer späteren Rodungsphase des 12. bis 13. Jahrhunderts.

Gerderhahn gehörte immer zur Gemeinde und zur Pfarre Gerderath, wurde aber 1928 selbst zur Pfarre erhoben, nachdem der Ort 1904 eine eigene Kirche erhalten hatte.

Bilder obere Reihe von links: Auf der Straße „In Gerderhahn" in Richtung Moorheide und Tüschenbroich.

Links: Südliche Ortseinfahrt, darunter 3-flügeliger Fachwerkhof mit Krüppelwalmdach von 1755.

Unten links: 4-flügelige Backstein-Hofanlage, zum Teil aus Fachwerk mit Jahreszahl 1772, Frontansicht siehe kleines Bild rechts. Am Haus ein Wegkreuz von 1852.

Unten Mitte: Einzige Straßenkreuzung im Ort; die Querstraße führt von Genfeld in Richtung Gerderath.

Rechte Seite oben: Kirche zur hl. Dreifaltigkeit. Die ursprünglich einschiffige, neugotische Kapelle wurde 1961 durch flache Seitenschiffe erweitert.

Rechte Seite unten: Backsteinhof von 1853; Gehweg mit alter Kieselsteinpflasterung. Sockel, Türgewände, Tor-Schrammsteine und Treppenschutzpoller aus Blaustein.

In altvorderer Zeit verfügte jeder der großen Herren über Vasallen, die ihnen zu Dienst verpflichtet waren, vor allem zum Kriegsdienst mit Pferd und Rüstung.

In jener Zeit erhielten die Vasallen als Gegenleistung nicht Geld, sondern Land und Bodenrechte, allerdings nur leihweise, daher stammt der Begriff Lehns- oder Fronhof.

Von *Vrohenrode* erfahren wir erstmals aus einer Urkunde Anno 1317. Der Ortsname lässt sich als Rodung eines Herren deuten.

Der darauf entstandene Fronhof mit den ihm unterstehenden, kleineren Bauernhöfen hat sich wahrscheinlich aus einer Teilung der ursprünglichen Grundherrschaft Gerderath entwickelt.

Im 15. Jh. war der Hofverband – samt Patronatsrecht an der Pfarre Gerderath – im Besitz der Grafen von Virneburg und wurde an die Herren von Randerath verlehnt. Diese verkauften ihn 1447 an das Heinsberger Gangolfstift.

Da wo die ländliche Siedlung mittlerweile mit der Nachbargemeinde Gerderath ver-

schmolzen ist, hat sich rund um die bekanntesten Hauptwege ein verwirrendes Straßenlabyrint entwickelt, in dem der Ortsfremde leicht die Orientierung verlieren kann.

Großes Bild: An der Meister-Gerhard-Straße steht dieses Wegkreuz von 1855 aus Blaustein mit Figurennische.
Rechts von oben: Haus mit Jugendstil-Stuckelementen und historisierender Giebelform aus dem Jahr 1908.
Alte Hofanlage an der Straße „Fronderath".

Vossem – wo der Fuchs wohnt?

Auch die Historiker sind sich nicht einig, ob der Ort *Voishem*, der um 1354 erstmals erscheint, einer Person namens Fuchs oder dem Tier gleichen Namens die Bezeichnung verdankt. Tatsache ist jedenfalls, wie eine Anwohnerin schmunzelnd erzählt, dass die Vossemer heute noch ihr Geflügel vor dem roten Hühnerdieb in Sicherheit bringen müssen.

Der kleine Ort, der nur aus einigen alten Höfen und wenigen Wohnhäusern besteht, wird wohl ebenfalls bald – wie sein Nachbar Fronderath – mit dem schnell wachsenden Gerderath verschmelzen.

Bilder linke Seite: Mias Geburtstag am Mai-Feiertag.

An der Vossemer Straße. Das neugotische Wegkreuz wurde im Juli 1888 eingeweiht.

Am Rande des alten Eckert – der Eckertshof

Das alte Hofgebäude aus dem Jahr 1853 dürfte wohl nicht das erste an dieser Stelle gewesen sein. Historiker vermuten hier eines der alten Güter des Fronderather Fronhofes.

Eckert hieß ein ausgedehntes Wald- und Heidegebiet, das sich bis ins hohe Mittelalter von hier aus bis weit auf Wassenberger Gebiet erstreckte. Der Name bedeutet möglicherweise Buchenwald, sind doch Eckern die Nussfrüchte der Buche. Von dem ursprünglichen Wald ist heute nur noch ein geringer Teil als Naturschutzgebiet erhalten geblieben.

Um so mehr wissen die Menschen aus dem nahen Umland die Ruhe und Abgeschiedenheit der Landschaft zu schätzen, zumal die vergangenen Zeiten nicht immer so friedlich waren. Unweit von hier lag ehemals ein Militärflugplatz, auf dessen Gelände sich heute die Eisenbahn-Teststrecke von Siemens und einige neue Gewerbebetriebe befinden.

Bilder rechte Seite: Beim Eckertshof wird immer noch Landwirtschaft betrieben.

Im Umfeld des alten Hofes freut der Besucher sich über selten gewordene Naturerlebnisse wie Frosch- und Vogelkonzerte an den dicht mit Röhricht und uralten Kopfweiden umstandenen Tümpeln.

In Gerderath

Gerderath ist mit mehr als 4500 Einwohnern nach Erkelenz der zweitgrößte Ort im Stadtgebiet. Das 1172 durch die Brüder Arnold und Geldolf de *Gerdenrothe* zum ersten Mal erwähnte Dorf gehörte seit Ende des 15. Jhs. bis zum Ende des 18. Jhs. zum Jülicher Amt Wassenberg. Nach der folgenden Franzosenzeit war Gerderath zusammen mit den Dörfern Gerderhahn, Fronderath, Vossem und Moorheide bis zur Kommunalreform im Jahr 1972 eine eigenständige Bürgermeisterei im Landkreis Erkelenz.

Rechts: St. Christophorus an der Genender Straße. Das Patronatsrecht über die frühere Pfarrkirche gelangte 1447 an das Heinsberger Gangolfstift. Dieses ließ 1782 - 86 nach Plänen der Baumeister Lorenz Moll und Jakob Esser einen Neubau errichten, der 1864 durch einen neuen Chor im Osten nach Entwürfen von H. Nagelschmidt erweitert wurde. Ältestes Ausstattungsstück ist ein Taufstein aus Namurer Blaustein aus dem 12. Jh.

Unten: Alte Grabkreuze an der Kirche

Auf der Lauer

Die alte Siedlung Gerderath lag am Schnittpunkt zweier sehr alter Fernstraßen. Die Heerstraße führte von Köln nach Roermond und die Neusser Straße auch bis ins Maastal. Die Heerstraße im Sinne von Herren- oder Königsweg ist mittelalterlich oder noch älter. Wahrscheinlich bestand sie schon lange vor der Siedlung. Weil auf diesen Straßen nicht nur friedliche Kaufleute unterwegs waren, sondern allzu oft auch Kriegsvolk, wurde das Dorf nicht unmittelbar an der Straße, sondern etwas abseits im schützenden Gelände angelegt.

Der seit 1539 überlieferte Name *vff der luren* meint, an diesem Ort wurde „gelurt" – nach zwielichtigen Raubzüglern oder verdächtigem Kriegsvolk, vor denen man sich rechtzeitig in Sicherheit bringen musste.

Damals lag zwischen den Straßen und dem Dorf noch ein Waldstück, der Houverather Busch, der zusätzlich vor fremden Blicken schützte.

Rechte Seite: Häuser und Höfe aus dem 18./19. Jahrhundert an der Lauerstraße.

Fensterladen-Halter.

Links: Genender Straße. Das blassgelb gestrichene Haus mit der schönen Schmuckfassade aus der Anfangszeit des 20. Jhs. liegt gleich neben einer engen, alten Gasse.

Am Floßbach

Der Gerderather Floßbach heißt 1764 noch Floethbach. Mit „Floß" ist ein kleiner Bach oder ein Rinnsal gemeint. Der heutige Name Floßbach benennt also in doppelter Weise ein kleines Flüsschen.

In einem Bericht des Ingenieur-Geografen Rousseau aus der Franzosenzeit 1804 heißt es über den Bach: *„Das kleine Flüsschen hat seinen Ursprung in den Höhlen hinter der Kirche von Gerderath, ganz im Westen in einem engen Tal."*

Laut Auskunft eines Anwohners, auf dessen Grundstück einzelne kleine Quellen zu Tage treten, wird der Bach heute zum großen Teil durch ein Pumpsystem mit dem Grundwasser aus dem nördlich der Lauerstraße gelegenen Fronderath gespeist. Er fließt eine schmale Talrinne hinab in Richtung Altmyhl und Ratheim.

Rechte Seite: Gepflegte Schrebergärten mit „geheimnisvollen" Wegemarkierungen

Links und unten: Parkähnliche Gartenanlagen und saftige Wiesen im „engen Tal"

In bester Bergmanns-Tradition

In den Jahren 1959/60 siedelten sich in Gerderath viele Bergarbeiter der benachbarten Hückelhovener Zeche an. Etwa in dieser Zeit verdoppelte sich die Einwohnerzahl der Gemeinde auf mehr als 3000. Lange nach der Bergwerksschließung lassen viele der ehemaligen Bergleute die Erinnerung aufleben, indem sie ihre Gartenwege mit den Namen der Stollensysteme untertage bezeichnen.

Golkrath feiert sich

Wo jetzt die Kirche in Golkrath steht, lag Ende des 19. Jahrhunderts die Maar. Sie wurde bei Starkregen und Schneeschmelze durch Zufluss aus dem Matzerather und Hovener Feld gespeist. Ihr Überlauf floss in den Mühlenbach, dessen Quelle im Bongert vom Pastorat lag. An seinem Lauf durch das Golkrather Bruch bis zu seiner Mündung in die Rur bei Millich konnte man um 1900 noch fünf Mühlen betreiben.

Viel früher, Anno 1118, gründete der Graf von Wassenberg und Geldern das Georgstift zu Wassenberg. Zu dessen Austattung übertrug er Besitz und Einkommen, darunter auch ein Allod in *Gollekerothe*.

Seit Anfang des 19. Jhs. gehörte der Ort zu Kleingladbach und war nach 1935 selbständige Gemeinde bis zur Gebietsreform 1972.

Oben: Die neue St. Stephanuskirche. 1952 konnte die Pfarre ihr 100 jähriges Bestehen feiern. Im gleichen Jahr wurden der Turm und die neuen Glocken geweiht.

Rechts von oben: Fränkische Hofanlage Büttgenbach-Engels von 1773 im Oberdorf.
Fahnenschmuck zum Schützenfest in der St. Stephan-Str.

Links von oben: Haus Spieß aus dem Jahr 1681.
3-flügeliger Backsteinhof in Terreicken von 1797.
Marienkapelle im Unterdorf.

In Hoven

Auf den ersten Blick wirkt Hoven unauffällig und unspektakulär, beim genaueren Hinsehen entdeckt man viele alte, liebevoll erhaltene Bauernhöfe und gepflegte Fachwerk-Schätzchen. Und wenn man einen der gastfreundlichen Fuchsienfreunde trifft, lässt sich hinter den Straßenfassaden eine wahre Parallelwelt mit phantasievoll gestalteten Gartenräumen entdecken.

Hoven gehörte ursprünglich zum Jülicher Amt Wassenberg. Später war es ein Teil der Golkrather Gemeinde. Da der Ort kirchlich teilweise nach Schwanenberg orientiert war, wurde er in der Reformationszeit protestantisch und ist bis heute zur einen Hälfte evangelisch und zur anderen Hälfte katholisch.

Erwähnt wurde Hoven in alten Wassenberger Akten im Jahr 1468. Es wurde schriftlich festgehalten, dass Jakob von Wyck *die Hoeue* zu Lehen erhielt. 1472 heißt es „*eyn hoeve landz up der Hoeven by Matzenroide*".

Es wird vermutet, dass der Ortsname ursprünglich auf das alte Landmaß „Hufe" zurückgeht. Eine Hufe waren 60 Morgen Land.

Unten: Wie überdimensionierte Unterlegscheiben wirken die gusseisernen Maueranker in den Backsteingebäuden aus dem 19. Jahrhundert.

Linke Seite: Viele der Höfe wurden im 19. Jahrhundert aus Backstein neu gebaut oder – wie beim Haus Jansen – aus alten Fachwerkbeständen erneuert.

Rechte Seite oben: Der Laufs-Hof aus dem 18. Jh.

Rechte Seite unten: Das Hovener Dorfkreuz von 1882.

*Oben: Die auf einer Weide freilaufenden, „glücklichen"
Kühe sind ein immer seltener werdender Anblick.*
Links: Hofanlagen „In Houverath"
Unten: Neugotische Marienkapelle von 1922 in der Vore.

*Rechte Seite von oben: Die Kirche St. Laurentius wurde
nach Plänen von August Lange 1885-87 errichtet. Sie
wurde nach dem Krieg wieder aufgebaut und erweitert.*

*Das Haus an der Ecke „In Houverath" und Blumen-
straße hat an der Rückseite noch sichtbares Fachwerk.*

*Der „Püllenhof", eine 4-flügelige Hofanlage aus der
zweiten Hälfte des 19. Jahrhunderts.*

In Houverath

Offiziell gelten für Houverath die bekannten Wassenberger Lehnsregister aus dem Jahr 1262, in denen der Name *de Hugenrode* erwähnt wird, als erster urkundlicher Nachweis für die Ortsgeschichte. Grund genug, für die Dorfgemeinde 2012 das 750-jährige Jubiläum zu feiern.

Es gibt allerdings Hinweise darauf, dass hier schon länger der Stammsitz früherer Edelherren war. Der alte Ortsname ließe sich als Rodung des Hug oder Hugo deuten. In späteren Jahrhunderten wandelt sich der Name in *Huiffenraidt* und wäre so auch auf das alte Landmaß Hufe zurückzuführen. Wie die meisten Rodeorte wird auch Houverath in der Zeit des 9.-11. Jahrhunderts entstanden sein. Angeblich gibt es auch Spuren früherer Lehnshöfe und einer untergegangenen Burg. Auf der Tranchotkarte erkennt man jedenfalls noch eine größere, mit Wassergräben umfasste Hofanlage.

Auch „In der Vore" lagen einige kleine Höfe. Laut Überlieferung heißt es, der Name Vore stamme von einem alten Tor, das den Weg nach Golkrath abschloss und nur gegen Entgelt zu passieren war.

Houverath und Houverather Heide gehörten zum Jülicher Amt Wassenberg. Die Orte waren eine zeitlang – auch kirchlich – nach Kleingladbach zugeordnet, kamen dann ab 1935 zur Gemeinde Golkrath und gehören jetzt seit 40 Jahren zur Stadt Erkelenz.

Die süße Versuchung aus Matzerath

Ab dem frühen Sommer kann man einfach nicht an Matzerath vorbei, ohne Erdbeeren genascht zu haben. Der Ort, dessen Name erstmals im Jahr 1312 als *Machenroide* in

einem Lehnsverzeichnis genannt wird, erfreut den Besucher aber nicht nur mit den süßen Früchten, sondern auch mit den alljährlich im Sommer stattfindenden Wettkampfspielen der bekannten „Matzerather Schotten".

Sehenswert ist auch die ungewöhnliche achteckige Backsteinkapelle von 1696 auf dem „Domplatz" mitten im Dorf. Sie war eine Stiftung des bedeutenden Matzerather Bürgers Peter Gehlen, Kreuzherr auf Hohenbusch und Vikar in Erkelenz.

Bis zum Jahr 1558 gehörte Matzerat noch zur ehemals katholischen Pfarre Schwanenberg im Bistum Lüttich. Nachdem die Schwanenberger Kirchengemeinde in der Reformationszeit zum evangelischen Glauben übertrat, kam Matzerath zur Pfarre Erkelenz und zum neuen Bistum Roermond. Bis zur französischen Besetzung 1794 gehörte der Ort zu Kleingladbach im Jülicher Amt Wassenberg. Während der Franzosenzeit war Matzerath

selbständige Mairie, gehörte danach wieder zur Bürgermeisterei Kleingladbach, kam später zur Gemeinde Golkrath und ist seit 1972 Stadtteil von Erkelenz.

Linke Seite, obere Reihe: Erdbeerfelder, soweit das Auge reicht.

Das weithin sichtbare Kapellenkreuz wird hier von einem Starenpärchen als Rastplatz und Ausguck genutzt.

Erntehelfer bei der Erdbeerernte.

Großes Bild links: Die Kapelle ist dem heiligen Joseph geweiht und beherbergt ein wertvolles Eichenrelief, das die Ölbergszene darstellt und wohl ein Fragment eines Antwerpener Altars vom Anfang des 16. Jhs. ist.

Rechte Seite oben: Straßenzug an der „Matzerather Maar" mit Grünanlage und historischer Pumpe.

Unten: Sportliche „Schotten" in Aktion. Kraft, Schnelligkeit und Geschicklichkeit bei den „Highland-Games".

Haus Hohenbusch

Das Kreuzherrenkloster – 1146 erstmals als *Hoenbusc* erwähnt – wurde 1802 bei der Säkularisierung aufgehoben und ist nach landwirtschaftlicher Nutzung unter verschiedenen Eigentümern seit 1983 im Besitz der Stadt.

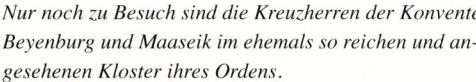

Nur noch zu Besuch sind die Kreuzherren der Konvente Beyenburg und Maaseik im ehemals so reichen und angesehenen Kloster ihres Ordens.

Seit seiner Gründung im Jahr 1302 war das Kloster im Laufe von 500 Jahren zeitweise Hauptsitz des Gesamtordens in Deutschland und entwickelte sich zu einer Stätte der Ausbildung des geistlichen Nachwuchses. Aus allen Niederlassungen des Ordens kamen die Novizen, um die riesige Bibliothek für theologische, geistes- und naturwissenschaftliche Studien zu nutzen. Nach der Säkularisierung wurden die wertvollen Ausstattungsstücke des Klosterbesitzes in alle Winde verstreut und große Teile der weitläufigen Anlage – darunter die barocke Klosterkirche – abgebrochen. Mit Hilfe des im Jahr 2000 gegründeten Fördervereins Hohenbusch e.V. hat die Stadt den Komplex restauriert und für eine vielfältige Nutzung zugänglich gemacht.

In den ehemaligen Klosteranlagen hat der Reitverein ein Zuhause bekommen und die Sommer-Kunstakademie findet hier großzügige Atelier- und Ausstellungsräume vor.

Bauernmarkt

Bekannt ist Hohenbusch heute vor allem wegen des alljährlich stattfindenden Bauernmarktes, wo heimische Erzeugnisse angeboten und alte landwirtschaftliche Gerätschaften und Techniken vorgeführt werden. Besonders beliebt bei den Besuchern sind die Tierdressur-Vorführungen.

nach Hetzerath

Der kleine Kühlerbach, der nördlich von Hetzerath erscheint und weiter zur Rur fließt, gestaltet zusammen mit den angrenzenden Waldgebieten und dem nahegelegenen, ehemaligen Kloster Hohenbusch das schöne Umfeld des Ortes zur perfekten Wander-, Sport- und Spiellandschaft für die Anwohner – quasi direkt vor der eigenen Haustür.

Schon 1454 wurde Hetzerath als *Hetzelroide* erstmalig erwähnt. Vielleicht diente hier der Personenname Hetzo oder Hetzel zur Bildung des Ortsnamens, der mit der Endung -rath auf eine Entstehungszeit im 9.-11. Jahrhundert zurückweist. Ursprünglich gehörte das Dorf zum Jülicher Amt Wassenberg, kam dann zur Mairie Kleingladbach, später zur Gemeinde Granterath und zur Pfarre Doveren. 1972 wurde Hetzerath ein Stadtteil von Erkelenz.

Linke Seite: Kühlerbach mit Blick auf Erkelenz.
Unten: Ortskern mit Kirchenvorplatz an der Hatzurodestraße. 1913 erhielt der Ort eine eigene Kapelle. Sie wurde im Krieg stark beschädigt und mit dem Wiederaufbau in den 1950er Jahren erweitert. 1994/95 erhielt die Kirche St. Joseph sechs neue Fenster, die von dem Hetzerather Maler Wolfgang Fröde entworfen wurden.

 Scheidt ist ein winziger Weiler an der alten Chaussee nach Aachen. Dort wurde der erste Hof 1847 erbaut. An der Scheiter Dell, wie die Gegend um den Scheide- oder Grenzweg zwischen den ehemaligen Herzogtümern Geldern und Jülich 1797 genannt wurde, haben sich seit Mitte des 19. Jhs. nur einige wenige Häuser zu beiden Seiten der Straße hinzugesellt.

Kleines Bild oben: Hofanlage am früheren Scheideweg, von dem der Ortsname hergeleitet ist.

Rechts: Die heutige Bundesstraße 57 mit breit angelegten Fahrradwegen in Richtung Innenstadt.

Bei Genehen

Genehen wurde 1558 als *Geneden* und 1605 als *ghen Nehen* erwähnt. der Name ist vielleicht auf „neder" zurückzuführen und bedeutet tiefer gelegen – in einer Niederung oder Senke. Seit Beginn gehörte der Ort zur Erkelenzer Grundherrschaft des Aachener Marienstifts. Zur Schule gingen die Genehener und Scheidter Kinder aber lange Zeit in den Nachbarort Tenholt.

Im Jahr 1842 erfahren wir aus den Tagebuchaufzeichnungen des Phillip G.T. Schuwirt folgende, tragische Geschichte: *„Am 5. Juli 1842 um 2 Uhr morgens brach in dem kleinen Dörfchen Genehen ein Brand aus, welcher so fürchterlich um sich griff, dass*

in Zeit von 5 Minuten 7 Häuser ein Raub des Feuers wurden und bis auf den Sohlen wech brannten..."

Heute liegt Genehen als ruhige „Insel" neben dem Industrie- und Gewerbe-Park Gipco.

Links: Wegkreuz von 1897.
Unten: Straße in Genehen.

Commerden – Comerten – Koemerten

Koemerten, wie Commerden in einer Urkunde von 1480 noch heißt, scheint auf eine längere Vergangenheit zu blicken, als die erste Erwähnung vermuten lässt. Denn vor dem Ausbau des benachbarten Gewerbeparks Gipco wurden von den Archäologen im weiteren Umfeld des kleinen Weilers neue Fundstellen entdeckt, die auf den Standort eines römischen Landgutes hinweisen. Dieses wurde wahrscheinlich während der Germaneneinfälle des 3. Jahrhunderts n. Chr. aufgegeben.

Nur einige Meter weiter fanden sich Spuren, die aus der mittleren Eisenzeit, etwa 700 bis 350 Jahre v. Chr. stammen. An etwa gleicher Stelle im Areal der metallzeitlichen und römischen Siedlungen ließen sich zu Beginn des Hochmittelalters erneut Menschen nieder, vermutlich ohne etwas von ihren Vorgängern zu ahnen.

Unweit der kleinen Kapelle fand man eine sogenannte Wüstung, und die Nähe zum heutigen Commerden lässt vermuten, dass es sich hier um die Ursprungssiedlung handelt, die sich wie eine Wanderdüne im Laufe der Zeit nach Südwesten verlagert hat.

Kleines Bild rechts oben: Marienkapelle „Commerdener Kapellchen" aus dem 19. Jahrhundert.

Was die Archäologen hier nicht fanden, war ein im 30-jährigen Krieg gestohlener und angeblich in der Nähe versteckter Silberschatz.

Gipco
Arbeiten im Park

Beispielhaft für die zeitgemäße Ansiedlung neuer Unternehmen im Stadtgebiet ist der Gewerbe- und Industriepark Commerden – kurz GIPCO, in dem eine Vielzahl verschiedener Produktions- und Dienstleistungsbetriebe in einen Landschaftspark integriert wurde.

Wer mag hier nicht gern etwas für die Fitness tun oder einfach die Gegend genießen und den hier heimischen, tierischen Bewohnern bei ihrem Treiben zuschauen?

Grünes Granterath mit schwarz-rot-goldenen Streifen – in diesem Sommer sieht man überall die Anzeichen begeisterter Anhänger der Fußball-Europameisterschaft – eines aktuellen Sportevents Anno 2012.

Ein besonderes Ereignis für Granteraths Geschichte fand dagegen im Jahr 1118 statt, als der uns schon von Golkrath her bekannte Graf Gerhard IV. von Wassenberg das Georgstift gründete und ihm aus seinem weitverzweigtem Besitz auch ein Allod zu *Granten-rothe* zur Ausstattung übertrug.

Der Name des Ortes weist auf eine Entstehungszeit in der ersten Rodungsphase des 9. bis 11. Jahrhunderts hin.

Seit dem Mittelalter bis in die frühe Neuzeit gehörte Granterath zum Jülicher Amt Wassenberg, nahe der Grenze zum nördlich gelegenen Herzogtum Geldern.

In der Franzosen- und Preußenzeit kam das Dorf zur Bürgermeisterei Doveren, wechselte danach mit Hetzerath zum neuen Amt Baal und wurde 1972 zur Stadt Erkelenz eingemeindet.

Kirchlich gehörte die Dorfgemeinde Jahrhunderte lang zur Pfarre Doveren und musste über mehrere Generationen weite Fußmärsche bei Wind und Wetter in Kauf nehmen, um dort am Gottesdienst teilnehmen zu können.

Ab Mitte des 19. Jahrhunderts erhielt Granterath gleichzeitig mit der kirchlichen Selb-

ständigkeit eine eigene Pfarrkirche. Im Oktober 1864 wurde die neue Kirche St. Michael geweiht.

Großes Bild unten: Die Kirche St. Michael von der Mittelstraße aus gesehen. Sie wurde nach Plänen des Kölner Architekten Heinrich Nagelschmidt gebaut. Der Turm wurde 1956 erneuert und ist mit Kreuz und Hahn ca. 23 Meter hoch. 1957 wurde die Kirche um ein Seitenschiff erweitert.

Bilder rechts: Fussball ist Volkssport. Besonders in Zeiten von Europa- oder Weltmeisterschafts-Wettkämpfen wird patriotisch „Flagge" gezeigt.

Links: Staßenansichten „In Granterath".

Kleines Bild: Brunnenplastik „Kind mit Katze" der Erkelenzer Bildhauerin Ursula Klügel – Erinnerung an glückliche Kindheitstage.

Unten rechts: Sonntägliche Fußball-Begeisterung auf dem eigenen Platz.

Bunt sind schon die Wälder...

In allen Farben scheint der Boden des Herbstwaldes zu glühen und mit etwas Phantasie fühlt man sich in die Zeiten vor der Rodungsphase zurückversetzt, als dichte *„Wiltnisse umb erckelens gewesen"* und es den Bürgern gestattet war, *„alle wildt, ... wolffe und berr und alle gediers"* zu jagen und zu fangen.

Der Vogelbusch bei Granterath ist eine der letzten erhaltenen Waldinseln auf der Erkelenzer Börde.

Ein weiterer kleiner Waldbestand ist der östlich von Tenholt gelegene Wahnenbusch. Am südlichen Bördenrand zwischen Granterath und Lövenich erstreckt sich der Wald an beiden Seiten der Eisenbahnlinie und geht in das Naturschutzgebiet Scherresbruch über.

Auch in *Lovenihc* besaß Graf Gerhard ein Allod und schenkte es 1118 dem neugegründeten Wassenberger Georgstift. Doch schon vorher, Anno 1033, erfahren wir durch das Kölner Gereonstift von *Luvenich*, weil es hier Rechte an Kircheneinkünften hatte und in den Besitz des Fronhofes kam. Der Zehnt wiederum gehörte dem Kölner Domstift, so dass Streitigkeiten nicht ausblieben. 1329 wurde die Kirche, in der später der Ritter Arnold von Harff seine Ruhestätte fand, dem Gereonstift einverleibt.

Über die Bedeutung des Ortsnamens sind sich die Historiker nicht einig. Bevorzugt wird die Vermutung, dass es sich um einen vordeutschen Namen aus der gallo-römischen Epoche handeln könnte und mit *Loveniacum* gleichzusetzen wäre. Immerhin

wissen wir, dass in der Umgebung einige bedeutsame archäologische Nachweise aus römischer Zeit existieren. Die Jupitersäule beispielsweise, die bei Kleinbouslar gefunden wurde, deutet auf einen römischen Gutshof hin, eine sogenannte „villa rustica".

Jahrhunderte später, 1494, kam Lövenich mit Wassenberg zum Herzogtum Jülich. Um 1800 bildete der Ort mit den Nachbardörfern eine Mairie und war bis zur Eingemeindung nach Erkelenz eine eigenständige Bürgermeisterei.

Die Lövenicher haben aus früheren Berufsständen noch Spitznamen behalten. So geht der Name „Hoppesäck" auf den Hopfenanbau im 18. Jahrhundert zurück und den Drechslern verdankte man den Necknamen „Spöllkesdrieher".

Rechts: Jupitersäule, gefunden bei Kleinbouslar 1906. Die Abbildungen zeigen die Römischen Götter Juno, Minerva und Merkur. Das Original ist im Rheinischen Landesmuseum, eine weitere Nachbildung steht im Ziegelweiherpark in Erkelenz.

Links von oben: Altes Bürgermeisteramt, Hofansicht.

Rheinisches Feuerwehrmuseum an der Hauptstraße.

Traufständige Backstein-Hofanlage am Gasberg.

Haus Segschneider aus dem 18. Jh. mit Rokoko-Haustür (ähnlich wie die Türen auf den Seiten 73 und 106).

Das alte Loveniacum?

Gut Nierhoven und der Ritter von Harff

Am 13. April 1762, kurz bevor der spätere Lövenicher Bürgermeister J.W. Jansen hier geboren wurde, brannte das gesamte Gut Nierhoven ab und wurde danach westlich der Brandstätte neu errichtet, so wie wir die Hofanlage heute kennen. Um das 15./16. Jh. hatte das alte Gut einige Jahre dem in Lövenich sagenhaften Ritter Arnold von Harff als Lehen gehört. Er hatte es 1499 von seinem Onkel Godart von Harff erworben, nachdem er von einer langen Orient- und Pilgerreise ins „Heilige Land" zurückgekehrt war. Er starb im Alter von nur 34 Jahren. Eine Grabplatte in der Lövenicher Pfarrkirche und sein Reisetagebuch erinnern an ihn.

Trautes Miteinander in Lövenich

Lövenich war neben Schwanenberg ein weiterer Ort, in dem schon früh nach der Reformation eine kleine evangelische Gemeinde existierte. Die Anfänge gehen zwar auf 1562 zurück, doch bis zum Bau einer eigenen Kirche vergingen noch mehr als hundert Jahre.

In einer Zeit, in der es noch unvorstellbar war, dass neben einer Wahrheit auch eine andere stehen kann, gab es nicht wenige Hindernisse zu überwinden.

Mitte des 17. Jahrhunderts war es endlich soweit. Die kleine Kirche, die heute zu den besonderen Sehenswürdigkeiten Lövenichs gehört, sollte damals aber nicht zu sehen sein, um im überwiegend katholischen Umfeld kein „Ärgernis" darzustellen. Man baute sie, verdeckt durch das heutige Pfarr- und Gemeindehaus, in einem Hinterhof am früheren Nierhoverend.

Dagegen hat die katholische Kirchengemeinde, die heute auch den Ort Kleinbouslar umfasst, eine Jahrhunderte ältere Tradition. Eine Kirche bestand vermutlich bereits um die erste Jahrtausendwende. Lövenich gehört somit zu den ältesten Pfarrgemeinden im Erkelenzer Stadtgebiet.

Seit Januar 2010 wurde die katholische Kirchengemeinde mit 10 anderen Kirchengemeinden zur Erkelenzer Pfarrgemeinde St. Maria und Elisabeth zusammengeschlossen.

Rechts oben: Hochzeit in der „Hofkirche". Die Kanzel stammt aus dem 17. Jahrhundert.
Blick vom Hof auf den 1900 erneuerten, spitzen Turm mit Posaunenengel.
Rechts unten: Die heutige Pfarrkirche St. Pauli-Bekehrung wurde in den Jahren 1868-69 anstelle eines zuvor abgebrochenen Vorgängerbaus aus dem 15. Jahrhundert als dreischiffige, neugotische Hallenkirche neu errichtet. Der Achener Baumeister Julius Kruse orientierte sich exakt an einer Kirche in Krefeld-Bockum.

Der alte Turm wurde zwar 1777 renoviert, stammte aber noch vom Vorgängerbau und wurde in den Neubau des 19. Jahrhunderts übernommen.

Der Innenraum erhielt 1987 wieder die Farbgebung aus neugotischer Zeit.

Linke Seite: Die Straßen in Lövenich zeigen einen vielseitigen Stil-Mix in friedlicher Coexistenz.

...gelb die Stoppelfelder

Hochbetrieb überall im Erkelenzer Land! Die Ernte ist einge-bracht und auf den Feldern werden die allerorts vertrauten Stroh-ballen mit Hilfe moderner Landmaschinen gerollt und transport-fertig verpackt.

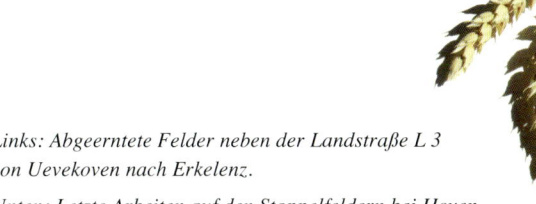

Links: Abgeerntete Felder neben der Landstraße L 3 von Uevekoven nach Erkelenz.

Unten: Letzte Arbeiten auf den Stoppelfeldern bei Hoven.

Zwei Namensvettern teilen sich den Platz auf dem Geländesporn über dem Nysterbachtal. Der ältere Haberger Hof, schon 1302 erwähnt, und das jüngere Gut Haberg aus dem 19. Jahrhundert liegen südlich von steinzeitlichen Fundstätten, die zeigen, dass dieser Ort mit dem weiten Blick über das Rurtal immer schon ein bevorzugtes Siedlungsgebiet war.

Auf dem Bergsporn - der Haberger Hof

Oben: Der Haberger Hof aus der Vogelperspektive. Weit geht der Blick darüber hinaus ins Rurtal.

Linke Seite: Wie ein großer Thron steht der alte Schäferkarren am Weiderand zwischen Haberg und Granterath.

Rund um den Haberg und das Scherresbruch

Der Haberg ist ein Bergsporn am Übergang der Erkelenzer Börde im Osten und dem Baaler Riedelland im Westen. Unterhalb des Hanges liegt das Naturschutzgebiet Scherresbruch, wo der Nysterbach, aus Richtung Lövenich kommend, zum Baaler Bach wird und von hier aus seinen Weg zur Rur nimmt.

Links: Ein Waldstück, geteilt durch den Geländeeinschnitt der Eisenbahnlinie Düsseldorf–Aachen, bedeckt den Hügel in Richtung Granterath.

Rechts: Fast schon Mittelgebirgscharakter hat die sanft abfallende Landschaft am Rand des Habergs.

Kleines Bild und unten: Gut Haberg, eine vierflügelige Hofanlage aus Backstein, entstand in den 40er Jahren des 19. Jahrhunderts und teilt sich mit dem älteren Haberger Hof zu gleichen Teilen das Land auf dem Plateau.

Rübenkampagne auf der Erkelenzer Börde

Der auf dem Land weitverbreitete Zucker-rübenanbau verdankt seinen Erfolg der enormen Fruchtbarkeit der Erkelenzer Börde.

Der mühselige Arbeitsaufwand früherer Zeiten, als die Rübenernte bei oft nasskaltem Herbstwetter noch mit der Hand durchgeführt werden musste, gehört dank dem Einsatz moderner Landmaschinen längst der Vergangenheit an.

Unten: Große LKW erledigen den Abtransport der Ernte bei Lövenich. Nur noch selten erlebt man auf den Landstraßen die früher typischen Traktor-Konvois mit vollbeladenen Anhängern, die so manchen Autofahrer zur Verzweiflung brachten.

Rechte Seite: Felder bei Terheeg mit Blick auf die Sophienhöhe. Schon kurz nach der Rübenernte wird der Acker für die nächste Fruchtfolge vorbereitet.

Katzem

In der wunderschönen Bördenlandschaft im Erkelenzer Süden liegt die Siedlung Katzem. 1369 wurde sie zum ersten Mal als *Katzheym* erwähnt. Der *-heim*-Name weist auf die Zeit der fränkischen Landnahme und frühen Ausbauzeit im 9. Jahrhundert hin, als

die ersten Siedler bevorzugt den Rändern der Fluss- und Bachtäler folgten.

Dass der Ortsname etwas mit unserem „Stubentiger" zu tun hat, lehnen die Historiker strikt ab.

Die Katzemer selbst deuten ihren Ortsnamen gerne nach einer alten Überlieferung. Darin heißt es, dass in altvorderer Zeit Kaiser Karl der Große im „Bocketsbösch" südlich von Katzem auf die Jagd gegangen wäre. Der Name würde also Karlsheim bedeuten und wäre über Karlzhem zu Katzem geworden. Natürlich eine schöne Legende – tatsächlich liegt die Bedeutung des Namens im Ungewissen.

Im Nysterbach, der bei Katzem entspringt, muss ursprünglich eine ansehnliche Menge Wasser geflossen sein, man konnte ihn eine zeitlang noch als Mühlbach nutzen. Er fließt hinter der Stadtgrenze als Baaler Bach in die Rur. Heute ist er im oberen Bereich trocken gefallen.

Katzem gehörte zum Jülicher Amt Kaster. Nach der Franzosenzeit kam der Ort bis 1935 zur Gemeinde und zur Pfarre Lövenich. Später wurde Katzem selbständige Pfarrgemeinde.

Seit 1972 ist der Ort ein Stadtteil von Erkelenz.

Oben und rechts: Vierflügelige Backstein-Hofanlage aus dem 19. Jahrhundert. Die Türgewände und Fensterbänke sind im regionaltypischen Blaustein gehalten. Das Torhaus im Wirtschaftsflügel beeindruckt mit einer stattlichen Mansardenhaube. Die Wetterfahne erinnert an den ehemaligen Pferdezuchtbetrieb Küppers.

Großes Bild und Mitte rechts: Die Kirche St. Mariae Empfängnis wurde in der Zeit von 1861-64 nach einem Entwurf des Kölner Architekten Heinrich Nagelschmidt errichtet. Zur einschiffigen Backsteinkirche im neugotischen Stil kam 1909 ein neuer Turm, entworfen vom Aachener Architekten Buchkremer, hinzu.

Unten rechts: Auch bei der Parade zur Sommer-Kirmes marschiert die Karnevalsgesellschaft „Katzeköpp" gerne mit.

Kleinbouslar und ein altes Rittergut

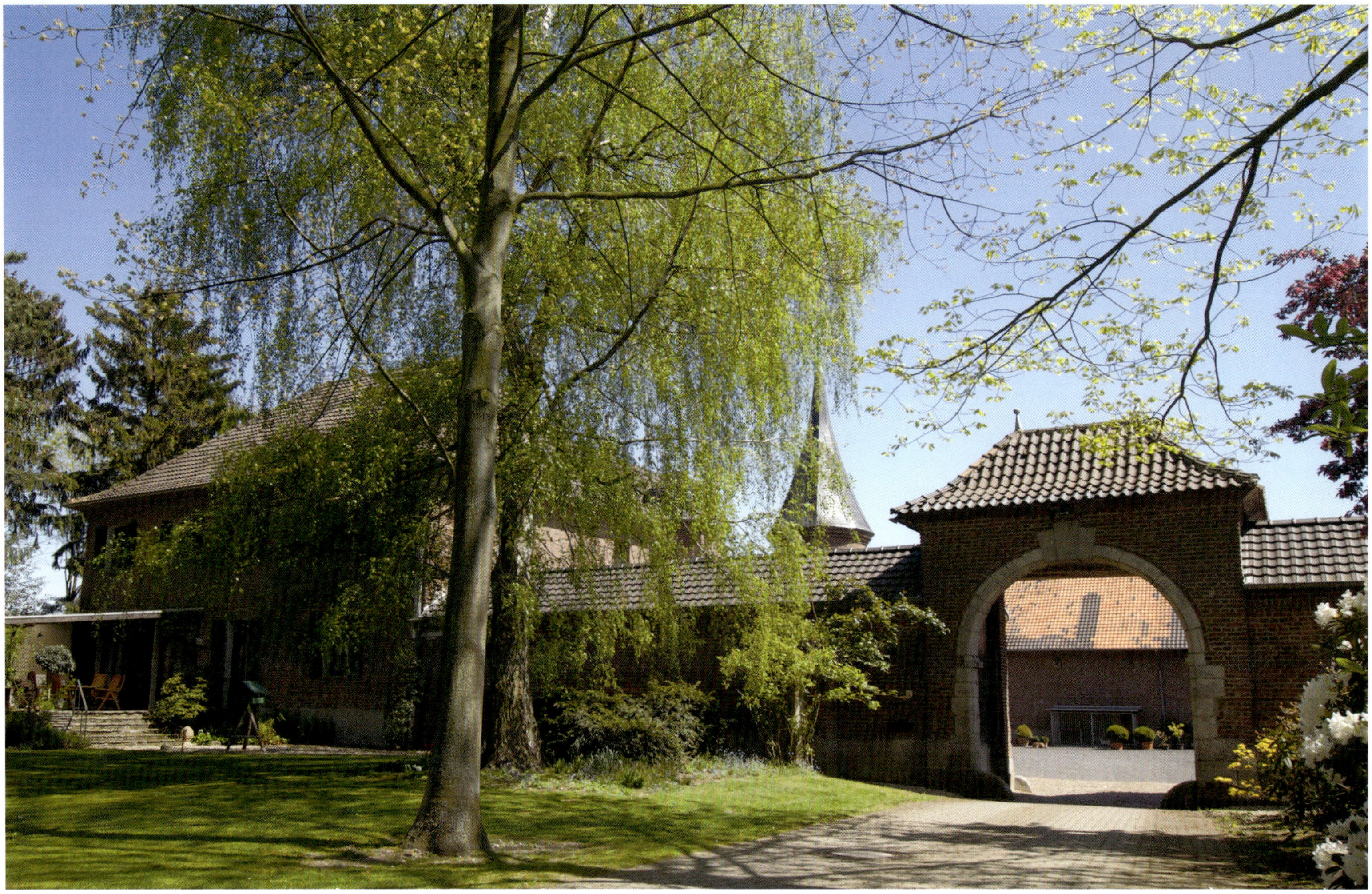

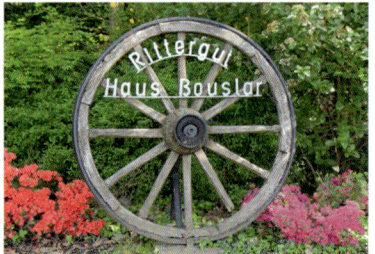

Der ursprüngliche Rittersitz Haus Bouslar scheint schon seit dem 15. Jahrhundert im Besitz der Vogtsfamilie von Lövenich gewesen zu scin. Maria Helene Stael von Holstein verkaufte 1726 das Gut an den Hofrat Michael von Heister, in dessen Familie es bis zum Ende des 19. Jahrhunderts verblieb.

Bild oben: Besonderes Erkennungszeichen des Hauses Bouslar ist der runde Wehrturm im Innenhof.

Die jetzigen Gebäude der Hofanlage wurden ursprünglich von Hofrat Heister im 18. Jahrhundert errichtet und Ende des 19. Jahrhunderts durch Baurat von Pelser-Berensberg umfangreich restauriert.

Bilder unten: Gartenzwerg-Idylle in Kleinbouslar. Vor dem Göddertzhof. Im Hintergrung das Wegekreuz von 1865.

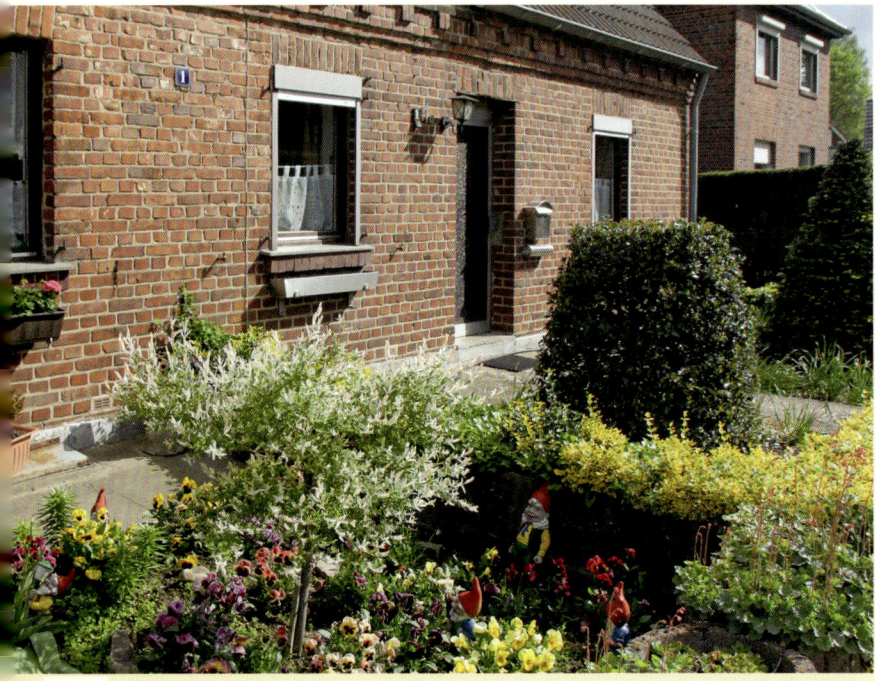

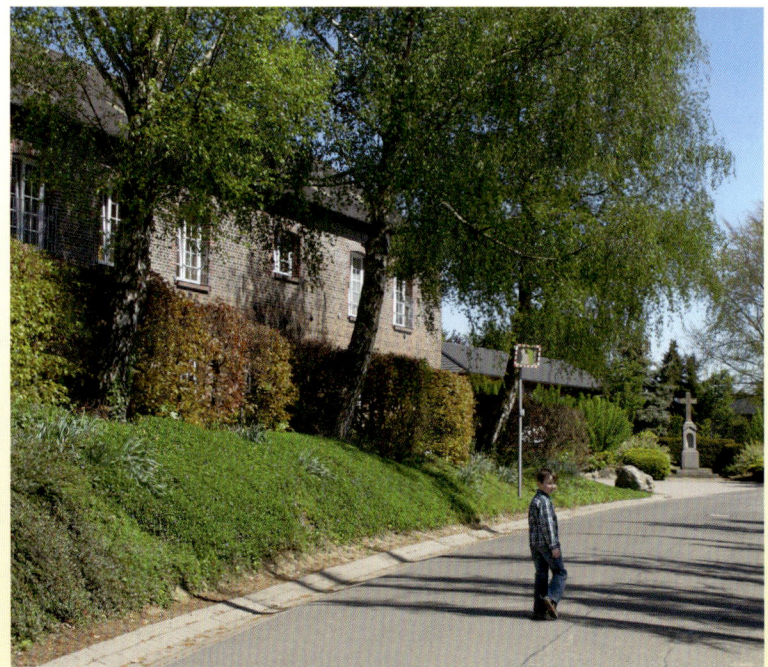

Kleinbouslar entstand vermutlich aus dem ehemaligen benachbarten Rittergut. 1369 erfahren wir zum ersten Mal von einem Weg von Katzem nach *Busolor*, damit dürfte wohl unser Ort gemeint sein und nicht der Namensvetter in der Nähe von Linnich.

Groß von sich reden machte das kleine Dorf 1906, als in seinem Umfeld in einem Brunnen eine römische Jupitersäule gefunden wurde. Eine Replik steht heute in Lövenich. Kleinbouslar gehörte ursprünglich zum Jülicher Amt Kaster, danach zur Gemeinde und zur Pfarre Lövenich und nun seit 1972 zur Stadt Erkelenz.

Rechte Seite: Dorfansicht mit Barbara-Kapelle im neugotischen Stil. Sie wurde 1860-61 errichtet und nach Plänen des aus Kleinbouslar stammenden Professors Johannes Schüller 1898 erweitert.

Erstaunlich für eine so kleine Dorfkapelle ist das Querschiff. Die Farbglasfenster wurden entworfen von Marianne Ziegler.

Unten: Der „Schüller-Hof" an der Straße nach Lövenich.

Das 7 Meter hohe Hagelkreuz aus Drachenfels-Trachyt stammt aus dem 15. Jahrhundert und steht an der Landstraße zwischen Holzweiler und Katzem.

Links und rechts auf den Konsolen sitzen die kleinen Figürchen Maria und Johannes.

Das Kreuz besteht aus vier Abschnitten und wird durch Eisenstangen gestützt. Es ist eines der besonderen und schützenswerten Denkmäler im Erkelenzer Land.

Weit im Osten des heutigen Erkelenzer Stadtgebiets lag jahrhundertelang der kleine Weiler Pesch. Er hieß erst seit der 2. Hälfte des 17. Jahrhunderts so – nach den Eigentümern des in der Siedlung gelegenen Herrenhauses, den Hoen von Pesch.

In dem ehemaligen Rittersitz lebten im Jahr 1265, wie durch einen Landverkauf an das Kloster Duissern belegt ist, die Herren Weltherus und Aladrus von *Werencenrode*. Der ursprüngliche Ortsname lässt sich als Rodung des Werenken deuten.

Ab dem späten Mittelalter gehörte der Ort zum Jülicher Amt Kaster. Ende des 18. Jh. kam Pesch zur Bürgermeisterei Immerath und später zur Stadt Erkelenz.

Seit 2006 wird das Dorf Pesch umgesiedelt. Das ehemalige Rittergut und viele der Häuser und Höfe sind schon zerstört.

Oben: Ein Bild aus alten Tagen, als hier die Post noch ausgeliefert wurde – das Torhaus von Haus Pesch. Archäologen machten unter der abgebrochenen Anlage das alte Grabensystem der Burg wieder sichtbar. Haus Pesch war zuletzt als landwirtschaftlicher Betrieb genutzt worden. 2010 begann der Abriss.

Gemeinwohl?

Wie schwarze Löcher im All ziehen die Tagebau-Gruben alles an sich, was ihnen zu nahe kommt. Schon in den 1960er Jahren waren sich Politik und Konzerne darüber einig, dass die Sicherung der Energiegewinnung für das Allgemeinwohl einen höheren Wert einnimmt, als die Wahrung einer über Jahrtausende gewachsenen Kulturlandschaft und der Heimat von tausenden Menschen.

Viel zu spät hat die Besinnung auf regenerative Energien eingesetzt und so ist auch jeder Versuch eines juristischen Widerspruchs an wirtschaftlichen „Sachzwängen" gescheitert.

Wer sich an den Rand der größten Tagebaugrube Europas begibt, fühlt sich unwillkürlich in das Schattenland des dunklen Herrschers aus R. R. Tolkiens Ring-Trilogie versetzt. Nur dass hier keine mutigen Romanhelden das schlimme Schicksal wenden.

Auch die Aussicht, vielleicht ab Mitte dieses Jahrhunderts an der Stelle eines fruchtbaren Bördenlandes eine „lebendige Seenlandschaft mit großem Freizeit- und Erholungswert für Mensch und Natur" vorzufinden, wird wohl kaum eine „breite gesellschaftliche Akzeptanz" dieser Maßnahme hervorrufen.

Links und unten: Östlicher Dorfausgang. Pesch lag an der Straße von Immerath nach Garzweiler. Jetzt scheint hier das Ende der Welt zu sein.

Linke Seite unten: Sommer 2011 – der friedliche Eindruck täuscht – Pesch ist schon menschenleer.

Impressionen

Linke Seite: Nicht nur Lesestoff zeigt das Schaufenster am Markt · Barocker Dachreiter auf der Leonhardskapelle · Was sagt uns dieser Maueranker in Gerderath? · Der Hahn im Mond – Wetterfahne auf St. Lambertus · Noch nicht erntereif – Gerste im Feld · Prachtäpfel in Wockerath – mal nicht aus dem Supermarkt.

Rechte Seite: Beerenteppich bei Oestrich · Was sprach der Rabe zu dem Drachen? Pferdeportrait mit grüner Mähne in Venrath · Herziger Türklopfer in Grambusch · Torschloss in Venrath · Wo dieser Oldtimer parkt, kann man leicht erkennen.

„Wir lassen sehr viel zurück, alles wird dem Energiehunger geopfert." Pater Mergens sandte ein Kreuz zusammen mit der Erde von Alt-Borschemich auf den langen Weg nach Borschemich Neu, das nun zur neuen Heimat für die Zukunft gestaltet werden muss. „Wir haben die Wehmut auf dem Weg gelassen. Der Tag hat gezeigt, dass wir eine starke Gemeinschaft sind," sagte Schützen-Brudermeister Hans Willi Schulte.

Der Borschemicher Schützenverein St. Martin war Initiator des symbolischen Spaziergangs im Sommer 2011.

Voran ging das Trommler- und Pfeifercorps der Bruderschaft. Etwa 150 Borschemicher beteiligten sich an der Übertragung der Heimaterde.

Brücken & Übergänge

Die Kernstadt, die bis zum Ende des 19. Jahrhunderts kaum über die Enge des mittelalterlichen Mauerrings hinausgewachsen war, hat seit der Zeit der einsetzenden Industrialisierung um 1900 so viele neue „Speckringe" angesetzt, dass ihre Fläche sich auf mehr als das Zwanzigfache ausgeweitet hat. Jede noch so gut gemeinte „Umgehungsstraße" wurde dabei von der Stadt wieder eingeholt und musste durch neue Übergänge überbrückt werden.

Linke Seite: Die „Blaue Brücke" zum Oerather Mühlenfeld.
Rechte Seite: Fußgängerbrücke nach Borschemich Neu.

Einige Erkelenzer können sich gut an Zeiten erinnern, als am Marktplatz noch Autos vorbeifuhren und Gastronomie ausschließlich in den Innenräumen von Cafes und Restaurants stattfand.

Kein Vergleich zum beinahe schon südländischen Lebensgefühl, dass sich heute auf und um den Markt einstellt – egal bei welchem Wetter.

Dabei können die Erkelenzer nicht klagen, liegt doch die Stadt in einer besonders begünstigten Klimazone und belegte zum Beispiel im Sommer 2012 mit 693 Sonnenstunden den Spitzenplatz im NRW-Ranking.

Im Stadtzentrum rund um den alten Marktplatz gibt es seit 1980 eine Fußgängerzone.

Das Glockenspiel am Markt besteht aus 24 Bronzeglocken, wobei die größte ein Gewicht von 88 kg und die kleinste 13,5 kg auf die Waage bringt. Die Klaviatur befindet sich im Alten Rathaus und kann von Hand gespielt werden. Meistens lässt aber eine der Walzen, auf denen bis zu 12 Melodien gespeichert sind, die beliebten, kleinen Musikstücke erklingen.

Der Brunnen mit dem Löwen und der heraldischen Rose Gelderns steht im Bereich eines früheren Stadtbrunnens. Er wurde 1977 zur Erinnerung an das im Jahr zuvor begangene 650-jährige Stadtjubiläum von Bürgern und Betrieben gestiftet.

Unten: Einer der neun wieder geöffneten Arkadenbögen der ehemaligen Markthalle am Alten Rathaus.

Haus Spiess am Franziskanerplatz

In der Franzosenzeit ließ sich der napoleonische Verwaltungsbeamte Johann Joseph Spiess, ein geborener Elsässer und ehemaliger Offizier Ludwigs XVI. am Franziskanerplatz ein repräsentatives Palais bauen. Den Baustil nennt man Aachener Rokoko oder Couvenstil nach dem um 1800 in Aachen tätigen Architekten Jakob Couven.

Das passende Grundstück hierfür hatte Spiess aus dem ehemaligen Besitz des 1802 aufgelösten Franziskanerklosters erworben. 1806 war das zweigeschossige Wohnhaus mit Mansardendach und den beiden niedrigeren Seitenflügeln fertiggestellt.

1918, nach dem ersten Weltkrieg, wurde das Haus von der Familie Halcour gekauft. Es war laut Tochter Netta in einem „furchtbaren Zustand". Die Familie musste viel investieren, um das Haus in das spätere „kleine Schlösschen" zu verwandeln. Der Garten wurde ebenfalls umgestaltet und als Kind glaubte Netta, dass vorne am Eingangsportal

unter den beiden Löwen Schätze verborgen liegen. Als das Weberei-Unternehmen Halcour in Konkurs ging, musste die Familie 1934 das Haus verkaufen.

Die neuen Bewohner waren der junge Chefarzt des Erkelenzer Krankenhauses Dr. Franz Meyer und seine Frau Erna.

Heute wird das Haupthaus genutzt als Standesamt, für Ausstellungen und für kleinere repräsentative Angelegenheiten der Stadt, die das Gebäude 1978 kaufte und in den 1980er Jahren aufwändig restaurierte.

Seite links: Haus Spiess neben der Schülergasse. Im Vorgarten eine Edelstahl-Skulptur des Aachener Künstlers Albert Sous.

Die beiden Löwen am Portal halten das Wappen der Tüschenbroicher Freiherren von Spiering und stammen vom Kreuzherrenkloster in Wegberg.

Unten: Der schöne Barockgarten ist mittlerweile für Aufführungen der beliebten Serenadenkonzerte des Cornelius-Burgh-Chors zu klein geworden,

Erkelenzer „KÖ"

Die frühere Kölnische Heerbahn hat nichts mit der heutigen Kölner Straße zu tun, sie führte über die Hermann-Josef-Gormann-Straße und dem Wockerather Weg weiter bis zum Rhein. Die Straße hinter dem alten Kölner Stadttor dagegen war auf historischen Karten nur als Weg nach Kückhoven bezeichnet.

Der Straßenteil vom Markt bis zur Promenade war von altersher die Geschäfts-und Wirtschaftsstraße und hieß noch bis Anfang des 20. Jahrhunderts Bellinghover Straße.

Der Abschnitt vom Promenadenring bis zum Bahngelände wurde Ende des 19. Jh.für kurze Zeit zur Bahnstraße. Es war der einzige Weg zum Bahnhof, doch er blieb noch lange unbebaut. Erst ab 1870 entstanden hier Häuser, die für die damalige Kleinstadt relativ groß waren. In der Chronik von 1878 notierte man, dass diese Häuser einen schönen Anblick bieten und mancher Fremde hinter ihnen wohl eine größere Stadt vermuten würde. Hier entstand um die folgende Jahrhundertwende auch die erste elektrische Straßenbeleuchtung.

Es folgten die Namen Hindenburgstraße, Kückhover Straße und Anton-Raky-Straße. Erst 1955 wurde der aktuelle Name Kölner Straße beschlossen – auch für den Straßenteil jenseits der Bahn.

Rechte Seite: Der untere Teil der Kölnerstraße mit Blick in Richtung Promenaden.
Rechts: Die Fußgängerzone im Bereich des früheren Stadttores „Bellinghover Poort"
Unten: Reisende fanden um 1800 in diesem Bereich gleich hinter dem alten Stadttor auf der rechten Seite den Gasthof „Goldener Löwe", der angeblich von den „gehobenen Ständen" bevorzugt wurde.

Nur sieben Minuten bis Kairo

Als der Tiefbohrunternehmer Anton Raky 1897 den Firmensitz seiner *Internationalen Bohrgesellschaft* von Straßburg nach Erkelenz verlegte und zur Jahrhundertwende bei einer schnell wachsenden Belegschaft der Bedarf an Wohnraum in der Stadt sprunghaft anstieg, wurde auf Initiative Rakys kurzerhand eine gemeinnützige Wohnbaugesellschaft gegründet.

Innerhalb von wenigen Jahren wurden nördlich des Stadtkerns an der Rosenstraße und später an der Glück-Auf-Straße über 50 neue Wohnhäuser für das Betriebspersonal gebaut.

Wie andere Großunternehmer seiner Zeit, beispielsweise Alfred Krupp in Essen, die ganze Betriebssiedlungen für ihre Arbeiter bauen ließen, hatte auch Raky ganz eigene Vorstellungen von der Architektur „seiner" Wohnanlagen. Keine reinen „Zweckbauten" sollten hier entstehen, sondern höchst individuelle Häuser, teils in einem historisierenden und romantisierenden Stil, teils mit allerhand verspielten Elementen.

So soll Raky eine besondere Vorliebe für Holzfachwerk gehabt haben. Für die alteingesessenen Erkelenzer muss dieses Ensemble aus Ziergiebeln, Erkern und Türmchen eine höchst exotische Anmutung gehabt haben, denn dem Stadtteil verpasste man einen ebenso exotischen Namen Kairo – sprich Ka-iro.

Längst haben schon Kinder und Enkel der *IBG*-Angestellten die ehemaligen Betriebswohnungen an der erst kürzlich neu gestalteten Rosenstraße übernommen und pflegen mit viel Liebe ihre alten Schätzchen.

100 Jahre
Klein Ka-iro
1904 - 2004

Fachwerkromantik

Sie sind inzwischen sehenswerte Raritäten, die Fachwerkhäuser in der Innenstadt. Auch in den Dörfern sind sie nur noch selten zu finden. Noch bis Anfang des 19. Jahrhunderts wurden Häuser auf dem Land vorwiegend aus Holz, Lehm und Stroh gebaut. Nicht der Maurer war Baumeister sondern der Zimmermann. Er errichtete das Balkenwerk und den Dachstuhl und noch bis heute reicht der Brauch des anschließenden Richtbaumsetzens. Danach besetzte meist der Bauherr selbst mit Hilfe der Nachbarn die Fächer mit senkrechten Holzleisten, die quer mit Ruten verflochten wurden. Darauf folgte das Verfüllen des mit Stroh und Heu vermischten Lehms. Zuguterletzt kam der „Pliestermann", um die Wände zu verputzen und zu kälken.

Großes Bild: Außerhalb des früheren Stadtgrabens im Vorgelände der Burg steht diese kleine „Kate" aus dem 18. Jahrhundert. Bei diesem eingeschossigen Wohnbau sind die Gefache mit Ziegelsteinen ausgemauert.

Unten: Bei diesem Wohnhaus im Pangel aus dem Jahr 1713 besteht das Erdgeschoss schon komplett aus Mauerwerk. Das überkragende Obergeschoss wurde in Fachwerkbauweise errichtet.

Oben: Zeichen der mittelalterlichen Wehrhaftigkeit der Stadt – die im 14. Jahrhundert erbaute Burganlage. Bis 1543 war sie auch Wohnsitz der geldrischen Amtsleute. Für kurze Zeit noch mal Garnisons-Standort für eine spanisch-niederländische Besatzung, verfiel das „Castell" nach 1600 zur Ruine.

Links: Ein Teil des Wehrganges, wie er vermutlich einmal die gesamte Stadtmauer gekrönt hat, ist im Bereich der Burg erhalten geblieben.

Blick aus dem Turmzimmer auf St. Lambertus. In der Höhe hat sich der Hexenturm nie mit dem Lambertiturm messen können, dessen steinerner Turmschaft allein schon auf mehr als 40 Meter ansteigt.

Rechte Seite von oben: Selbst vor ausgesprochener „Knochenarbeit" schrecken die „Freunde der Burg" nicht zurück, wenn es darum geht, das alte Gemäuer von Wildwuchs zu befreien.

Ein geeigneter Ort für eine Kunstausstellung im Turmzimmer und ganz oben ein phantastischer Rundumblick – wenn nur die enge, steile Wendeltreppe nicht wäre.

Zur Burgkirmes im Fahnenschmuck – der Hexenturm.

Die Burg hat viele Freunde

Lange Zeit war die Landesburg der Herzöge von Geldern nicht nur Sitz ihrer Vögte und städtischen Amtsleute gewesen, sondern Teil des Festungsringes um die mittelalterliche Stadt. Erst mit dem langsamen Einsetzen der strategischen Bedeutungslosigkeit der Burg im 17. Jahrhundert wurde nichts mehr zu ihrem Erhalt getan und sie zerfiel schließlich immer mehr.

Mancher alte Erkelenzer erinnert sich noch an das zerborstene Gemäuer und den beliebten – wenn auch verbotenen – Abenteuerspielplatz seiner Kindheit.

Nach dem Krieg besann man sich dieser einzigartigen Sehenswürdigkeit und begann mit einem Wiederaufbau – oder vielmehr mit einer Rekonstruktion des mittelalterlichen Zustandes. Der höchste Turm, der 24 m hohe Hexenturm, sowie einer der ehemaligen Mauertürme, das mittelalterliche Stadtgefängnis und ein Teil des Wehrganges wurden so vor dem weiteren Verfall bewahrt und für eine Nutzung zugänglich gemacht.

Jetzt kümmern sich die „Freunde der Burg Erkelenz", ein 2008 gegründeter Verein, um den Erhalt, die Pflege und eine weitere behutsame Restaurierung dieses großartigen Denkmals.

Die Seele baumeln lassen

Die letzten wärmenden Sonnenstrahlen des Altweibersommers locken so manchen Städter in den Ziegelweiher-Park. Noch mal kurz ausspannen oder Zeit für ein Zusammentreffen mit Freunden finden!

Im Gebiet des heutigen Ziegelweiherparks wurden früher Backsteine gebrannt. Aus einer der ehemaligen Lehmgruben wurde der heutige Weiher.

Parklandschaften

Die „Feierabend-Route", ein Rad- und Wanderrundweg innerhalb des Umgehungs-Straßenrings bietet Spaziergängern oder sportlich ambitionierten Fitnessanhängern aus der Stadt einen attraktiven Rahmen für ihre Freizeitaktivitäten.

Oestrich gehörte mit zur Grundherrschaft des Grafen Immo, der 966 seine Güter in *Hostrich* und *Herklinze* an das Aachener Marienstift übertrug. Als ursprünglich etwa gleich großer Nachbarort lag er jahrhundertelang vor den Mauern der späteren Stadt Erkelenz – wie auch der Weiler *Busch*, der ebenfalls in der Gerichtsakte von 1309 genannt wird. Vom Schicksal ungeschützter Siedlungen im späten Mittelalter erzählt die Chronik der Stadt sinngemäß: *1423 am Festtag des Apostels Thomas verbrannte der Junker Scheyffart von Meraede unser Kirchspiel Oerath fast ganz und Bossche auch fast ganz. Nach Oestrich wären Sie auch gerne gekommen, sie konnten es aber nicht.* Heute sind Oestrich und Buscherhof längst von Erkelenz umschlossen.

Links: Karlskapelle von 1844 an der Oestricher-Straße
Unten: Mußestündchen am Wegekreuz von 1982 an der Karl-Platz-Straße

Die ehemalige Kaiserstraße wurde 1904 neu angelegt und sollte eine gerade Verbindungsstraße zwischen der Anton-Raky-Allee und der Brückstraße werden. Sie bestand aber bis 1927 nur an der Ostseite – von der Allee bis zur evangelischen Kirche.

Seit über 70 Jahren heißt sie nun Theodor-Körner-Straße nach einem Dichter, der im Freiheitskrieg gegen Napoleon fiel.

Noch immer steht hier eine evangelische Kirche. In den ersten Jahrhunderten nach der Reformation hatte in der Innenstadt von Erkelenz kein öffentlicher evangelischer Gottesdienst stattgefunden. Erst Anfang des 20. Jahrhunderts lösten die protestantischen Erkelenzer sich von der Schwanenberger

Kirchengemeinde und schlossen sich als selbständiger Seelsorgebezirk vorübergehend den Lövenichern an. 1904 wurde schließlich die erste evangelische Kirche in Erkelenz gebaut.

Links und unten: 1950 wurde die im Krieg zerstörte evangelische Kirche nach Plänen von Baurat Rosendahl aus Mönchengladbach und Architekt Neßler aus Erkelenz neu erbaut. Schon 1958 war sie zu klein und erhielt erweiterte Querschiffe. Das Altarfenster von E. O. Köpke stellt die Auferstehung Christi dar.

Rechts: Gegenüber dem alten Stadtpark, einem ehemaligen Privatgrundstück des Fabrikanten Bernhard Oellers, entstanden Anfang des 20. Jahrhunderts die heute noch weitgehend original erhaltenen Wohnhäuser.

Gasthausstraße & Zehnthofweg

Die Gasthausstraße war in Erkelenz schon 1480 als *Gasthoisstraet* ein Begriff. Benannt war sie nach dem Gasthaus oder *Gastes,* einer typischen mittelalterlichen, sozialen Einrichtung für alte oder arme Bewohner der Stadt. Auch Bettler, Pilger oder Witwen und Waisen konnten hier ein Dach über dem Kopf finden.

Entstanden sind solche Einrichtungen durch Stiftungen und Spenden von wohlhabenden Bürgern, oft aus religiösen Gründen und zum Erhalt des eigenen Seelenheils.

Gleich hinter der Leonardskapelle, die mit zum Gasthaus-Komplex gehörte, lag die Anlage auf einem Grundstück, das sich von der Gasthausstraße bis zur ehemaligen Stadtmauer erstreckte. Sie bestand aus mehreren einstöckigen *Heuserken* zur Unterbringung der „Gasthausarmen" und einem größeren „Prinzipalhaus", dem eigentlichen Hospital. Selbst eine kleine Hausbrauerei, ein Back-haus, Stallungen und ein Brunnen befanden sich im Innenhof.

Der Zehnthofweg neben dem ehemaligen mittelalterlichen Zehnthof-Areal und dem Standort des Franziskanerklosters war wohl ursprünglich eine der Gassen vom Zentrum zur Stadtmauer. Eine zeitlang hieß die Straße Hospitalstraße nach dem Krankenhaus, das hier bis zum letzten Krieg stand.

Seit Mitte des vorigen Jahrhunderts ist sie zusammen mit dem sich anschließenden Schulring zum Standort sehr vieler verschiedener Schulen geworden.

Rechte Seite: Die Leonardskapelle wurde schon beim großen Stadtbrand von 1540 erwähnt. Nach Franzosenzeit und Kriegszerstörung wurde sie in mehreren Etappen zur heutigen Form wiederhergestellt und wird seit dem Neuaufbau im Jahr 1991 als multifunktionales Gebäude genutzt.

Kleines Bild rechts: Der Brunnen vor der Bücherei mit den „Lesenden" wurde von Michael Franke gestaltet.

Unten: Momentaufnahme am Zehnthofweg.

Das Kloster und die sogenannte Paterskirche, die hier auf dem Zehnthofgelände am hinteren Rand der Maar um 1660 von Franziskanern errichtet worden waren, sowie das 1872 erbaute Hospital konnten nach den starken Kriegszerstörungen nicht wieder aufgebaut werden. An deren Stelle traten in den 1950er Jahren zuerst ein großes Schulgebäude und später der Vorgängerbau der Stadthalle, die wiederum im Jahr 2009 zur jetzigen Gestalt „runderneuert" und erweitert wurde.

Nach der schon um 1865 erfolgten Trockenlegung und Verfüllung der Maar wurde hier ein Platz mit einem Parkgarten angelegt. Nach dem Verschwinden des namengebenden Weihers sah man keinen Anlass mehr für die alten Bezeichnungen „An der Mahr", „Mahrstraße" oder „Maarplatz". Schon 1898 war der Park deshalb nach den bis zur Säkularisierung hier ansässigen Ordensleuten zuerst Franziskanermarkt und später Franziskanerplatz genannt worden.

Hier finden vor der erneuerten Stadthalle nun auch immer häufiger größere „Open-Air"-Veranstaltungen statt.

Rechts: Gelegenheit für eine kleine Pause bietet die Sitzgruppe auf dem Franziskanerplatz vor der Stadthalle. Die Brunnenplastik des Berverather Bildhauers Michael Franke stellt den Heiligen Franz von Assisi dar.

Untere Bildreihe: Die 2009 modernisierte und erweiterte Stadthalle

Graue Tage in der Stadt

$\mathcal{E}$s ist still geworden in der Stadt. Die sonst so belebten Plätze sind verwaist und warten auf die winterlichen Feiertage.

Bevor einen die Melancholie überkommt – bald ist Martinstag und die kommende Karnevalssaison beginnt mit dem Hoppeditz-Erwachen.

Bild oben: Blick in die Kirchstraße. Seinen kupfernen Helm streckt der Lambertiturm hoch in den Nebel.

Bild rechts oben: Altes Rathaus am Markt.

Bild rechts unten: Am Johannismarkt.

Rechte Seite: Marktplatz mit Löwen-brunnen und Glockenspiel.

St. Martin ritt durch Schnee und Wind …

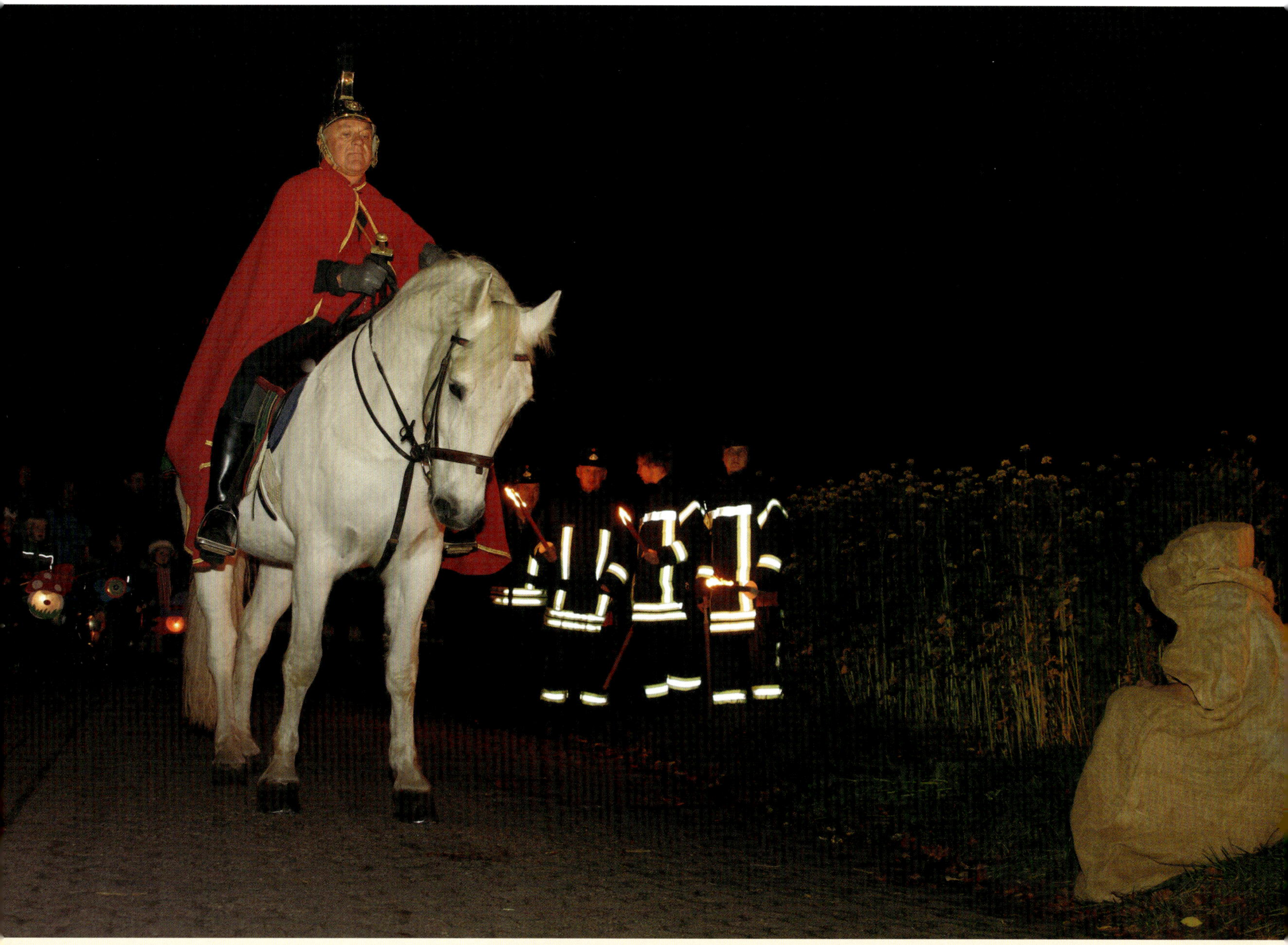

Nach der Legende war Martinus ein römischer Legionär, der in einer kalten Winternacht seinen Mantel mit dem Schwert zerteilte und die Hälfte davon einem Armen gab. Nach einem Traum, in dem ihm Christus erschienen war, gekleidet in die Hälfte des Soldatenmantels, ließ Martin sich taufen. Im Jahr 372 wurde er Bischof von Tours.

Das Fest des beliebten Heiligen wird vor allem am Niederrhein mit Martinsfeuer und Fackelzug gefeiert. Wochen vorher werden in Kindergärten und Schulen die Lieder eingeübt und die Laternen gebastelt.

Im Anschluss an die Umzüge gehen die Kinder von Haus zu Haus, um ihre Lieder vorzutragen. Wer schön singt, hat im Nu seine Tüten voll mit Leckereien.

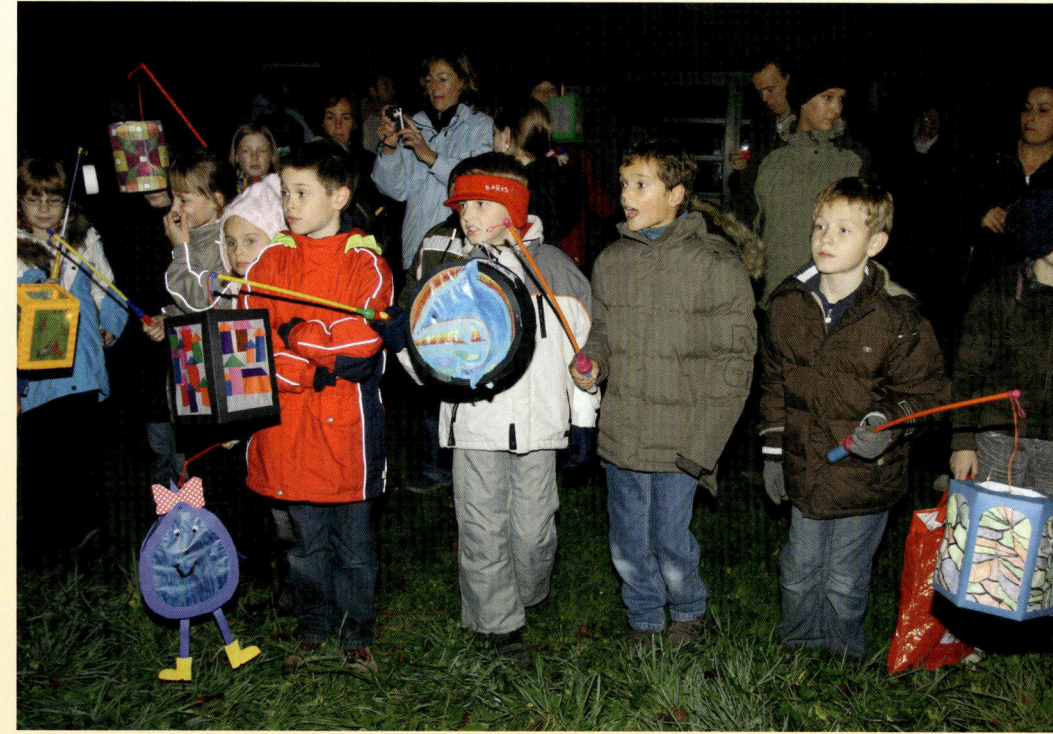

Ob als römischer Soldat oder als Bischof von Tours - St. Martin ist einer der bekann-testen Heiligen und seine Geschichte wird in allen möglichen Varianten nachgespielt.

Für die Kinder ein willkommener Anlass, auf „Heischegang" zu gehen und sich die Tüten mit Weckmann und Süssigkeiten füllen zu lassen.

Wintervergnügen im Ziegelweiherpark

Schon nach den ersten Schneefällen wird der Rodelschlitten rausgeholt. Wenn auch die „Steilpiste" am Ziegelweiher schon bald abgefahren ist, was soll's? Mit etwas Glück schneit's über Nacht noch mal.

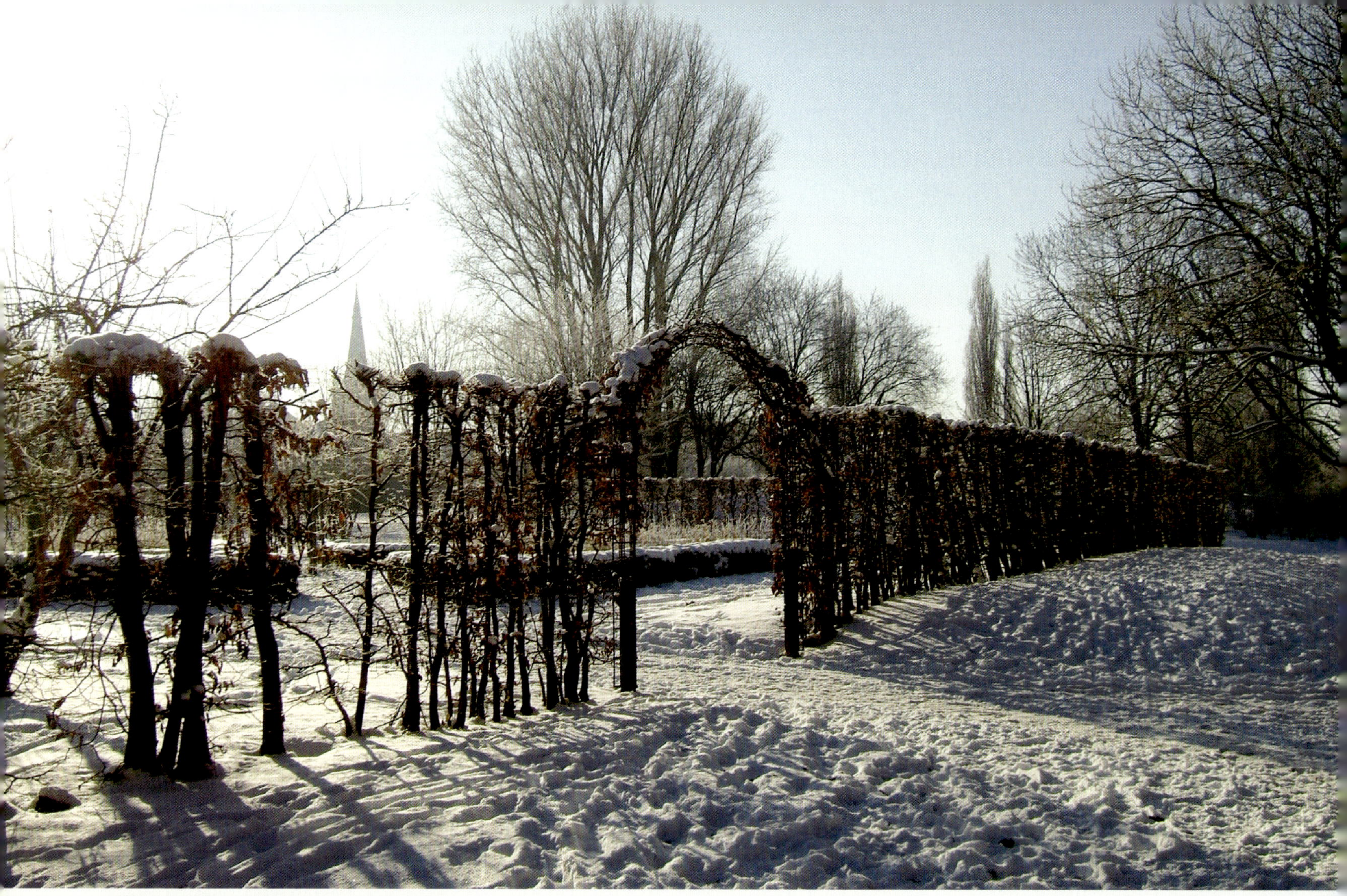

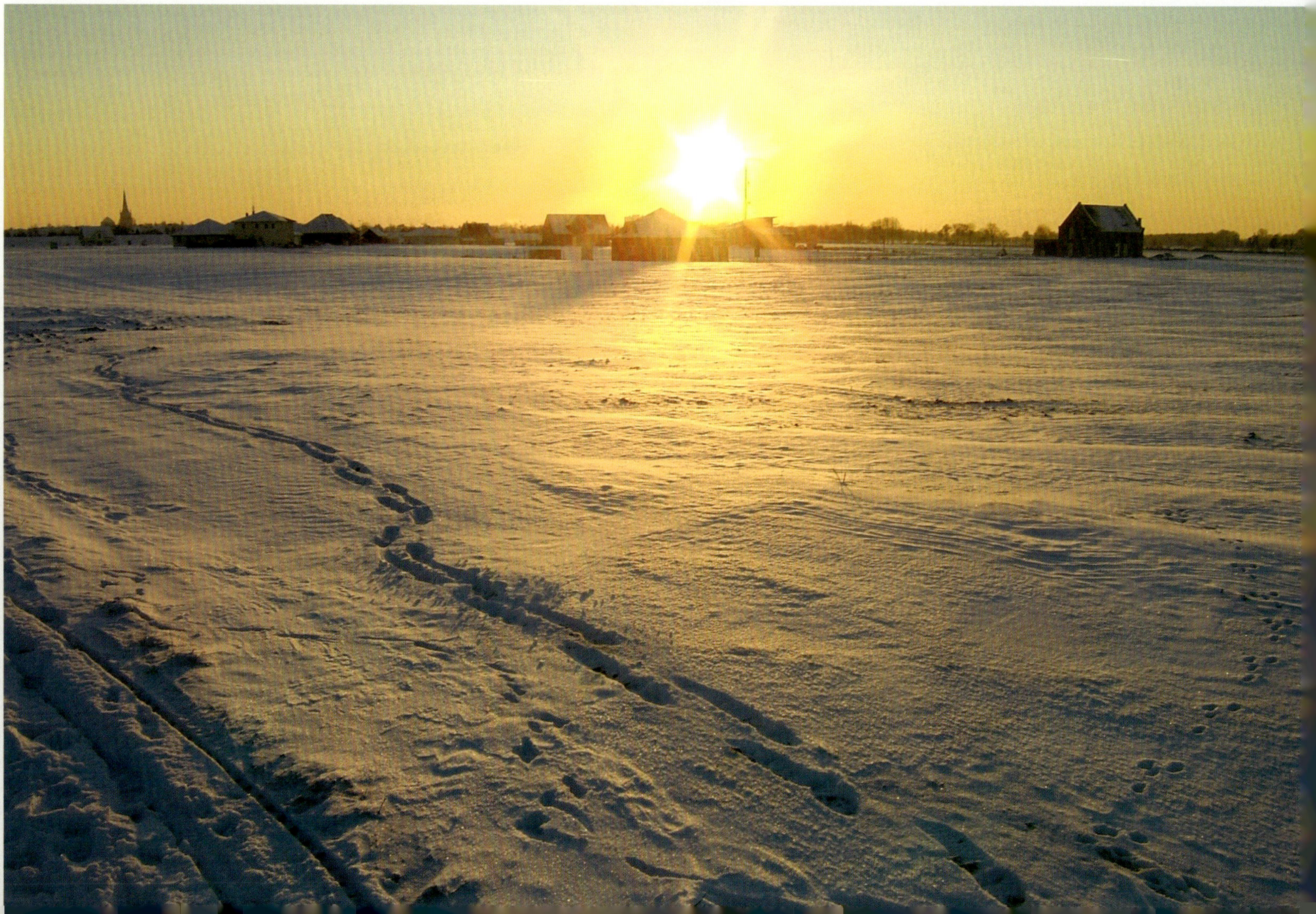

Ein Wintermärchen

Die Winter 2009/10 und 2010/11 waren für unsere Region ungewöhnlich schneereich. Für Stadtverwaltung und Bürger eine Herausforderung in Sachen Straßen- und Gehweg-Sicherheit. In vielen Städten und Haushalten gingen zeitweilig die Streumittel aus und Nachschub war nur schwer zu beschaffen.

Oben: Die Wilhelmstraße
Links oben: Ziegelweiherpark
Links unten: Winterlandschaft bei Borschemich Neu
Rechts oben: Verschneite Stadtmauer an der Wallstraße
Rechts unten: Kölner Straße in der Weihnachtszeit.

In der Weihnachtszeit

Schon zeitig vor Beginn der Adventszeit legt die Stadt ihren weihnachtlichen Schmuck an. Wenn man Glück hat, stellt sich passend zu den kommenden Feiertagen auch das richtige Wetter ein.

Unter den Arkaden des Alten Rathauses haben fleißige Helfer einen stattlichen Adventskalender aufgebaut, hinter dessen Türen sich eine überraschende Mischung aus Veranstaltungen und allerhand Aktionen verbirgt. Vor allem die Jüngsten können kaum die Ankunft des Bürgermeisters erwarten, der am ersten Dezembertag in Begleitung der Adventsengel das erste Türchen öffnet.

Bald wird auch der Nikolaus auf dem Markt erscheinen und bei Bratapfel- und Glühweinduft seine Weckmänner – aber nur an die artigen – Kinder verteilen.

Unten: Noch ist es ruhig auf dem Markt. Sobald aber die Buden des Nikolausmarktes aufgebaut sind, finden sich die Erkelenzer und auch Besucher von außerhalb zum Feiern ein.

Rechte Seite von oben: Bis zum Neujahrs-Empfang in der Stadthalle ist noch etwas Zeit. In den großen Fenstern des Foyers spiegelt sich das verschneite Haus Spiess.

Auch manche Häuser im Pangel zeigen sich im weihnachtlichen Schmuck.

Gelegentlich haben die Fußgänger diesen Teil der Aachener Straße auch einmal ganz für sich.

Land und Stadt im weißen Winterkleid. Die Spuren zeigen, dass schon viele Menschen hinausgelockt wurden, um sich das Naturschauspiel im Feld und in den Straßen anzuschauen.

Ein Glück für die Autofahrer, dass sich „zwischen den Jahren" im Straßenverkehr nicht viel abspielt.

Linke Seite: Winter-Landschaft hinter Kückhoven mit Blick auf Katzem. Das Wahnenbuscher Fließ ist von Hecken und Baumreihen gesäumt. Relikte aus alter Zeit, aber immer noch in Gebrauch und unverwüstlich: die aus Eichenstämmen gespaltenen Zaunpfähle.

Rechts oben: Roermonder Straße nahe der Stelle, wo ehemals eine der Stadtmühlen, die Oerather Mühle, gestanden hat.

Rechts unten: Landschaft bei Matzerath

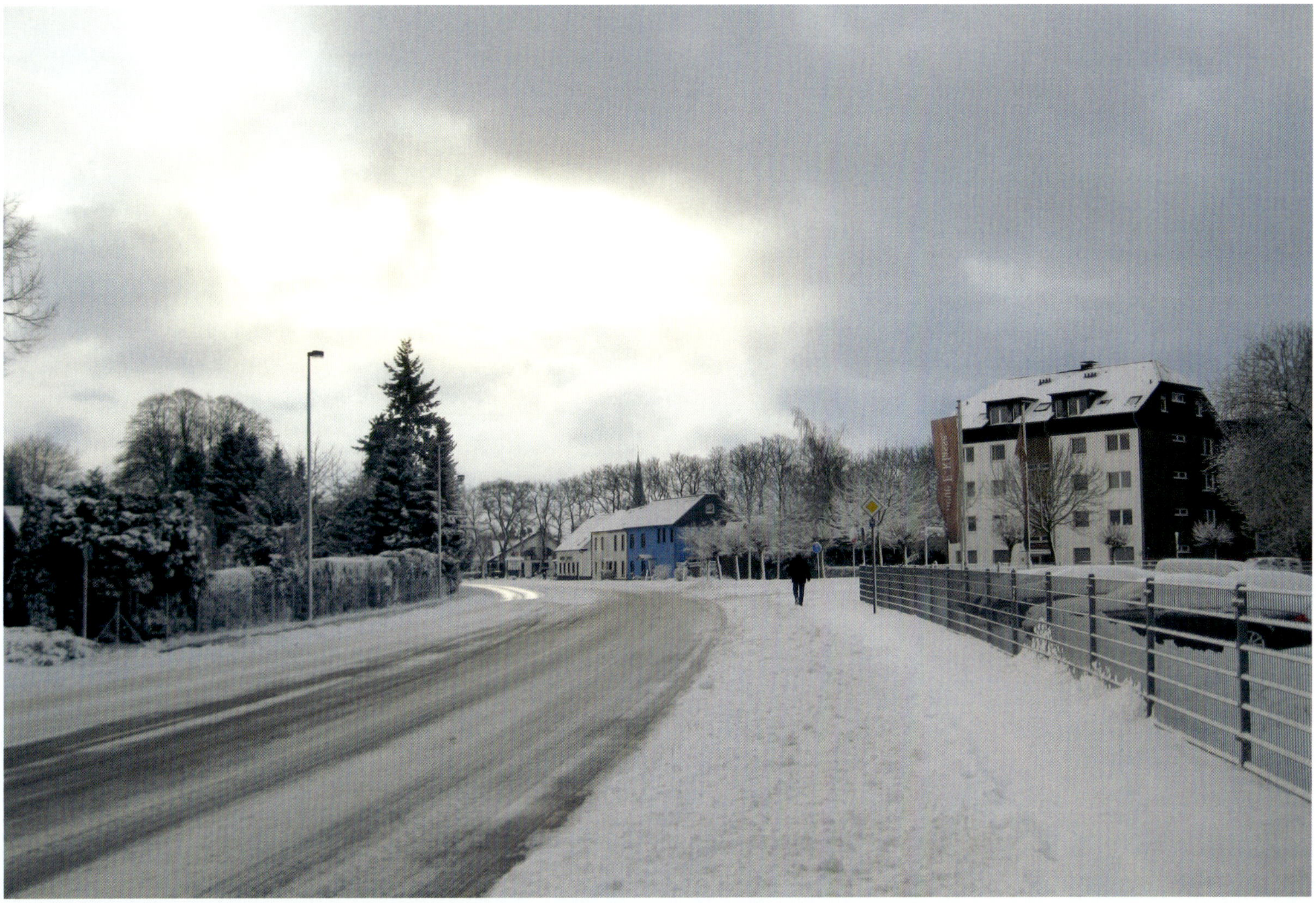

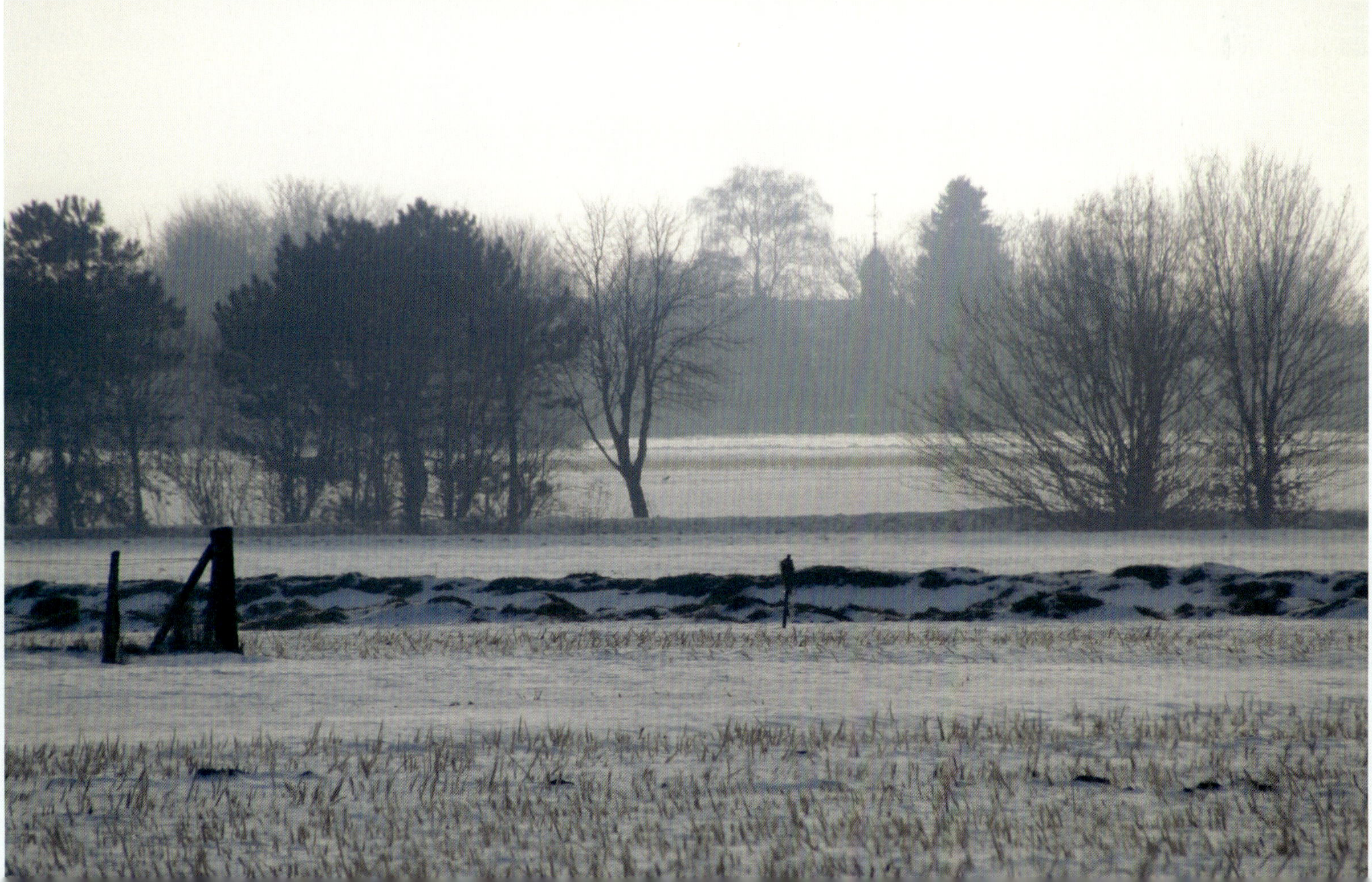

Ein neuer Tag

$\mathcal{I}$n den Dampf- und Rauchsäulen der Braunkohlekraftwerke am östlichen Stadtrand wird demnächst wohl in wenigen Jahrzehnten ein Drittel des Stadtgebietes unwiederbringlich „verheizt" werden – eine Kulturlandschaft, die in Jahrtausenden entstanden ist.

Nach dem im Jahr 2011 beschlossenen Ausstieg aus der Kernenergie kommt ein energiewirtschaftliches Umdenken, eine wirkliche „Energiewende" für viele Orte aus unserer Region – wenn überhaupt – wahrscheinlich zu spät.

Dabei könnte doch die Sonne ein hoffnungsvolles Zeichen sein. Denn mit deren für Jahrmillionen ausreichenden Kraft sollten zumindest die folgenden Generationen – vielleicht mit neuen Technologien – Sinnvolles anzufangen wissen, damit in Zukunft Heimat, Landschaft, Kultur und Geschichte vor weiteren, verheerenden Eingriffen bewahrt werden.

Blick von Wockerath auf den Windenergiepark bei Holzweiler und auf die Kühltürme der Braunkohlekraftwerke

Ortsverzeichnis:

Impressum

ERKELENZ · mittendrin und rundherum
Stadt und Land im Wandel

Herausgeber:
Heimatverein der Erkelenzer Lande e.V.
© 2012

Redaktion, Text und Layout:
Willi Wortmann

Druck und Herstellung:
VDS Verlagsdruckerei Schmidt
91413 Neustadt an der Aisch

ISBN: 978-3-9815182-2-1

Dankeschön!

Ein herzliches Dankeschön für die Unterstützer und Förderer:

Buchhandlung Viehausen

Buchhandlung Wild

Kreissparkasse Heinsberg

NEW Energie

Raiffeisenbank Erkelenz

RWE Power

Stadt Erkelenz

Wir danken allen Vorstandsmitgliedern des Heimatvereins, die dieses Projekt ermöglicht haben und uns mit ihrer Beharrlichkeit auf dem langen Weg von der Idee bis zur Ausführung immer wieder Ansporn gegeben und Mut zugesprochen haben.

Danke an Stadtarchivleiter Theo Görtz und an Erwin Horn, die stets ein offenes Haus für alle Belange dieses Projektes hatten.

Danke an Rainer Merkens und Hubert Rütten für die Anregungen, Tips, Ratschläge und Infos.

Vielen Dank an Rosemarie Wortmann für die umfangreichen und schwierigen Text- und Quellenrecherchen und für ihre konstruktive Kritik.

Unser besonderer Dank gilt den Fotografen, die uns den Inhalt ihrer Archive zur Verfügung gestellt haben oder die mit soviel Begeisterung immer wieder neues Bildmaterial zum Thema Erkelenz zusammengetragen haben.

Danke auch an alle Erkelenzer, die – willentlich/wissentlich oder zufällig – zur Staffage der Bildmotive beigetragen haben oder mit ihrem Verständnis manchen neugierigen Blick und Fotoschuss in ihre Privatsphäre zugelassen haben.

Die Redaktion

Die Umschlagbilder:

Titelseite oben: Blick auf die verschneiten Orte Genehen und Scheidt.

Titelseite Mitte: Das Stadtzentrum von Erlelenz

Titelseite unten: Weite Felder in der Umgebung von Hoven

Rückseite oben: Blick auf Kückhoven

Rückseite unten: Rapsfelder bei Moorheide.

Innentitel: Das Erkelenzer Stadtwappen an der südlichen Zufahrtsstraße zum Zentrum.

Die Fotografen:

Helga Banerjee, Wegberg/Rath-Anhoven

Edgar Brocher, Erkelenz

Theo Clemens, Erkelenz-Keyenberg

Heinz Eßer, Wegberg

Bernd Finken, Erkelenz-Oerath

Olaf Gerhards, Erkelenz

Stephan Görtz, Erkelenz-Wockerath

Ingrid Hagel, Erkelenz

Silke Koltermann, Erkelenz

Ulrich Kühn, Erkelenz-Lövenich

Clemens Lowis, Erkelenz-Katzem

Karl-Heinz Oleszynski, Erkelenz

Birgit Schild, Mönchengladbach

Alexandra Schmidt, Erkelenz

Bodo Schwellnus, Erkelenz-Kückhoven

Raphael Schwinger, Erkelenz-Holzweiler

Tran Viet Son, Erkelenz

Axel Voormanns, Erkelenz

Willi Wortmann, Erkelenz

Bildnachweis:

Helga Banerjee: Seiten 101 ul, 104 Fenster-Vignette o, 164 or • **Edgar Brocher**: Seiten 41 o, 50 or, 50 u, 51, 54 o, 54 m, 55, 56 ol, 56 or, 56 u, 57, 114, 115 or, 115 ml, 115 ul, 115 ur, 149 ol, 149 or • **Theo Clemens**: Seiten 45, 46, 134 ol, 134 ul • **Heinz Eßer**: Seiten 4 u, 31 ol, 97 o, 112 u, 134 ur, 150-151, 180-181, 183 mr • **Bernd Finken**: Umschlag-Rückseite oben, Innentitel Seite 3, Seiten 6-7, 40 u, 41 u, 52 or, 59 om, 78 o, 78-79 u, 79 o, 98 lu, 116 o, 116 lm, 116 lu, 116-117 u, 117 l, 117 ro, 117 ru, 126 lo, 126 lm, 156 o, 157, 165 m, 165 u, 205 u, • **Olaf Gerhards**: Seiten 10 o, 10 u, 12 ol, 12 om, 12 ul, 12 ur, 19 ol, 19 ml, 19 u, 24 ur, 98 lu, 126-127 u, 127 mr, 134 or, 198 o • **Stephan Görtz**: Seiten 166 ur, 206-207 • **Ingrid Hagel**: Seiten 38 o, 38 m, 42 or, 43, 44 o, 44 ul, 44 ur, 48 ur, 50 om, 62 ol, 62 or, 68 ml, 68 ul, 68-69, 70-71 o, 70-71 u, 72-73 u, 73 mr, 85 ro, 129 o, 146 o, 146 ul, 146 ur, 147 o, 147 m, 149 ur, 167 ol, 178 lo, 178 lu, 178-179 u, 179 ol, 179 or, 179 ur, 184, 186, 187 ol, 187 or, 200 o, 200 u, • **Silke Koltermann**: Seiten 22 ol, or, ul, ur, 23, 32 l, 34 ol, 35 ur, 96 o, 97 u, 121 ul, 121 ur, 124 m, 125 o, 125 u, 171, 174 o, 174 ur, 180 lu, 184 ol, 185 or, 188 o, 196 u, 197 or, 198 u, 199 • **Ulrich Kühn**. Seiten 26 ul, 146 ml, 153 o, 155 ol, 201 u • **Clemens Lowis**: Seiten 158-159 u, 159 u • **Karl-Heinz Oleszynski**: Umschlag-Rückseite unten, Seiten 24 ol, or, 96 u, 106-107 u, 119 o, 119 u, 120 o, 120 u, 187 u, 197 ol, 197 u • **Birgit Schild**: Seiten 26 ur, 27, 70 ul, 80 or, 80 u, 107 ml • **Alexandra Schmidt**: Seiten 5 u., 13, 25 ul, 36 o, 37 u, 170 u, 175 o, 175 u, 182 ur, 183 u, 192 lo, 192 lu, 201 or, 205 o • **Bodo Schwellnus**: Seiten 30 ml, 30 ul, 31 or, 42 ol, 42 u, 48 ol, 48 or, 48 ul, 49 o, 49 u, 53, 58 u, 59 u, 60 u, 61 o, 61 m, 61 u, 63, 64 o, 64 u, 66 ol, 66 ul, 66-67, 67 mr, 67 ur, 70 ol, 76 lu, 77 ru, 81 lm, 81 lu, 81 ru, 82 o, ml, mr, ul, ur, 83 lm, 83 lu, 83 r, 84 o, 85 rm, 86 o, 87, 92 lu, 92 ru, 95 lo, lu, ro, rm, ru, 98 lo, 98 lm, 98-99 u, 100 lu, 101 ml, 101 mr, 105 o, 106 ul, 107 ol, 107 or, 107 ur, 126-127 o, 127 ur, 130 m, 131 o, 131ur, 135 lo, 135 lm, 135 r, 140 u, 142 o, m, u, 142-143 u, 143 ol, or, ml, mr, 160 m, 160 ul, 161 o, 161 ur, 176 o, 176 u, 190 o, 191, 192-193, 204 o, 204 u • **Raphael Schwinger**: Seiten 18 o, 18 ul, um, ur, 24 ul, 25 ur, 29 o, 29 u, 40 o, 47, 50 ol, 52 u, 65, 84 u, 88 lo, 88 lu, 88-89 o, 88-89 u, 89 ro, 89 ru, 90-91, 91 ol, 91 or, 91 ur, 92 o, 93 ro, 93 lu, 93 ru, 94 lo, 94 ro, 94 u, 130 u, 131 ml, 146 mr, 147 u, 148 o, 148 u, 149 ul, 158 o, 159 o. 159 ml, mr, 160 o, 160 ur, 161 ul, 162-163, 168 ol, or, 168 m, 168-169 u, 169 o, 196 o • **Tran Viet Son**: Umschlag-Titelseite oben, Seiten 4 o, 5 o, 20 ol, 31 om, 30-31 u, 35 o, 38 u, 39, 74-75, 141 mr, 141 u, 166 ol, 172-173, 173 ru, 177, 182-183 o, 185 ur, 189, 194 l, 194 o, 194 u, 195, 202-203, 203 or, 203 mr • **Axel Voormanns**: Seiten 11, 81 ro, 81 rm, 165 o, 166 mr, 167 ur, 201 ol, 203 ol • **Willi Wortmann**: Umschlag-Titelseite mitte, unten, Seiten 12 or, 14, 15, 16, 17, 19 or, 20 m, u, 21, 25 ol, or, 26 o, m, 28, 32 r, 33, 34 u, 35 ul, 36 u, 37 o, 52 ol, 54 u, 58 o, 59 ol, or, 60 o, 62 u, 68 o, 71 or, ur, 72 ol, 73 or, ur, 75 or, ur, 76 lo, lm, 76-77 u, 77 ro, 79 m, 80 ol, 85 lm, lu, ru, 86 u, 93 lo, 99 ro, rm, ru, 100 o, m, ru, 101 o, ur, 102, 103, 104 lm, ro, u, 105 u, 106 m, 107 mr, 108, 109, 110, 111, 112 o, 113, 118, 119 m, 121 o, um, 122, 123, 124 ol, u, 126 ul, 127 or, 128, 129 u, 130 o, 131 mr, ul, 132, 133, 135 lu, 136, 137, 138, 139, 140 o, m, 141 o, ml, 143 ur, 144, 145, 151 r, 152, 153 u, 154, 155 or, u, 156 u, 162 l, 164 ol, u, 166 or, ml, ul, 167 or, ml, mr, ul, 170 ol, or, 174 ul, 178 or, 179 ml, mr, 182 ul, 183 or, 184-185 o, u, 188 u, 190 u, 203 ur, 208

Literatur und Quellen:

Acht Dörfer schreiben Geschichte. Zum 700-jährigen Jubiläum. Herausgeber: Heimatverein der Erkelenzer Lande e.V. 2009

Martha Aeissen, Julia Rücker: Neue Ausgrabungen vor den Toren von Erkelenz. Aus der Geschichte des Erkelenzer Landes. Schriften des Heimatvereins der Erkelenzer Lande e.V. Band 24, 2010

Klaus Barisch, Friedel Krings, Josef Rick: Bildband. Schriftenreihe der Stadt Erkelenz, Band 4, 1980

Bedeutende Bau- und Kunstwerke in Erkelenz. Herausgeber: Stadt Erkelenz, 2007

Paul Blaesen, Johannes Gormanns: Baugeschichte der Pfarrkirche in Immerath. Höfe - Kirchen - Zeitgeschehen. Schriften des Heimatvereins der Erkelenzer Lande e.V. Band 6, 1985

Paul Blaesen: Holzweiler – Ein Beitrag zur Geschichte bis Anfang des 19. Jh., 1981

Paul Blaesen: Zeichen am Wege - Dokumentation christliche Kleindenkmäler in der Stadt Erkelenz. Schriften des Heimatvereins der Erkelenzer Lande e.V., Band 17, 1998

Paul Blaesen, Theo Görtz: Das Erkelenzer Land in französischer Zeit. Aus der Geschichte des Erkelenzer Landes. Schriften des Heimatvereins der Erkelenzer Lande e.V. Band 9, 1989

Borschemich. Festbuch zum 350-jährigen Bestehen der Sankt-Martinus-Schützenbruderschaft, 1986

Hans Josef Broich: Ein Winninger in Schwanenberg. Aus der Geschichte des Erkelenzer Landes. Schriften des Heimatvereins der Erkelenzer Lande e.V., Band 20, 2006

Hans Josef Broich, Günter Wild: Evangelisch im Erkelenzer Land. Schriften des Heimatvereins der Erkelenzer Lande e.V. Band 19, 2003

Herbert Claessen: Weltgeschichte zu Gast in Erkelenz. Aus der Geschichte des Erkelenzer Landes. Schriften des Heimatvereins der Erkelenzer Lande e.V., Band 20, 2006

Carl-Wilhelm Clasen: Die Kirche in Keyenberg. Heimatkalender der Erkelenzer Lande, Jahrgang 1970

Paul Clemen, Edmund Renard: Die Kunstdenkmäler der Rheinprovinz. Kreise Erkelenz und Geilenkirchen, Verlag L. Schwann, Düsseldorf 1906

G. H. Eckertz: Die Chronik der Stadt Erkelenz. Annalen des Historischen Vereins für den Niederrhein. 1858

Therese Frauenrath, Tenholt - Ein Dorf im Erkelenzer Land, Schriften des Heimatvereins der Erkelenzer Lande e.V., Band 8, 1988

Josef Gaspers, Leo Sels: Geschichte der Stadt Erkelenz. Herausgeber: Stadt Erkelenz, 1926

Leo Gillessen: Die Ortschaften des Kreises Heinsberg. Herausgeber: Kreis Heinsberg, 1993

Leo Gillessen: Fronderath und Gerderath. Heimatkalender des Kreises Heinsberg, 2004

Leo Gillessen: Gerderath in Geschichte und Gegenwart. Herausgeber Gemeinde Gerderath, 1971

Golkrath - Hoven - früher und heute. Herausgeber, Dorfgemeinschaft Golkrath-Hoven e.V., 1987

Konrad Hittingen: Dorf- und Pfarrgeschichte von Granterath. Heimatkalender der Erkelenzer Lande, Jahrgang 1964

Horst Dieter Jansen, Friedhelm Dieck: Aus alter Zeit. Aufzeichnungen des Peter Heinrich Frieten aus Oerath um 1830. Höfe - Kirchen - Zeitgeschehen. Schriften des Heimatvereins der Erkelenzer Lande e.V., Band 6, 1985

Josef Kalau: Erinnerungen an Erna Meyer. Aus der Geschichte des Erkelenzer Landes. Schriften des Heimatvereins der Erkelenzer Lande e.V., Band 20, 2006

Josef Kalau: Geschichte aus Lövenich, Katzem und Kleinbouslar betrachtet. Schriften des Heimatvereins der Erkelenzer Lande e.V., Band 10, 1990

Barbara Karbig: Die Grundherrschaft des Aachener Marienstifts in Erkelenz. Schriften des Heimatvereins der Erkelenzer Lande e.V. Band 11, 1991

Marco Kieser: Baudenkmäler im Kreis Heinsberg, Heimatkalender des Kreises Heinsberg, 2007/2008

Edmund Knorr: Der Lindenbaum im Erkelenzer Land. Heimatkalender der Erkelenzer Lande, Jahrgang 1972

Friedel Krings: Die Windmühlen der Erkelenzer Börde. Heimatkalender der Erkelenzer Lande, 1962

Friedel Krings: Aus dem Tagebuch des Johann Gerhard Germanns. Heimatkalender der Erkelenzer Lande, Jahrgang 1961

Kulturlandschaft Erkelenzer Börde. Bildband. Schriftenreihe der Stadt Erkelenz, 1990

Josef Lennarz, Theo Görtz: Erkelenzer Straßen. Schriften des Heimatvereins der Erkelenzer Lande e.V., Band 3, 1982

Karl L. Mackes: Erkelenzer Börde und Niersquellengebiet. Schriftenreihe der Stadt Erkelenz, Band 6, 1985

Maria Meurer: Erkelenz privat 1920-1970, Sutton Verlag GmbH, 2000

Edwin Pinzek: Kostbares und Schönes im Kreis Heinsberg. Herausgeber Kreissparkasse Heinsberg, 1998

Edwin Pinzek, Friedel Krings: Erkelenz - Eine Stadt ändert ihr Gesicht. Herausgeber: Stadt Erkelenz, 1966

Theo Schläger: Katzem. Heimatkalender der Erkelenzer Lande, Jahrgang 1964

Josef Schmitz: Neckische Ortsnamen. Heimatkalender der Heinsberger Lande, 1983

Karl Josef Schmitz: Der Roitzerhof. Höfe - Kirchen - Zeitgeschehen. Schriften des Heimatvereins der Erkelenzer Lande e.V., Band 6, 1985

Michael Schmitz: Haus Spiess. Aus der Geschichte des Erkelenzer Landes. Schriftenreihe des Heimatvereins der Erkelenzer Lande e.V., Band 20, 2006

Josef Schophoven: Kuckum. Aus der Geschichte des Erkelenzer Landes. Schriften des Heimatvereins der Erkelenzer Lande e.V. Band 9, 1989

Matthias Siemes: Peter Holzmann aus Hetzerath. Aus der Geschichte des Erkelenzer Landes. Schriften des Heimatvereins der Erkelenzer Lande e.V., Band 9, 1989

Gustav Voss: Schwanenberg. 1972

www.Allianz.com Schätze des Archivs: Feuerversicherungsschilder

http://www.wdr.de/mediathek/html/regional/rueckschau/aktuelle_stunde.xml, 21.09.2012

http://de.wikipedia.org/wiki/Erkelenz